I0407114

Pemikiran Positif, Kuasa Keyakinan

Percaya pada diri sendiri untuk Hidup yang Lebih Baik

Gautam Sharma

1

Zat

"Minda adalah segala-galanya. Apa yang kita fikir apa yang kita dan apa yang kita menjadi"

dari ajaran Gautama Budha (yang Enlightened)

dedikasi:

Kepada rakan-rakan di seluruh dunia, buku ini adalah khusus untuk isteri saya, Shabnam Sharma yang cinta, keyakinan, kebaikan, tenaga dan sokongan membuatkan saya dan keluarga kami dengan wajah yang berseri dipenuhi. Terima kasih kepada keluarga dan rakan-rakan yang terletak di seluruh negara untuk pengalaman yang pelbagai dan gembira dikongsi selama bertahun-tahun serta-merta dan dilanjutkan kami. The Universe menyediakan banyak dan ini adalah untuk berkongsi dengan pembaca yang dihargai, bahawa anda adalah alasan untuk buku ini. Pengupayaan Siri bukan mengenai saya tetapi tentang semua anda .Ia Adalah dimaklumkan bahawa ramai pembaca telah memilih untuk memberi kuasa kepada diri mereka sendiri.

Terima kasih kepada peningkatan jumlah mesra, membantu orang yang rajin menghantar maklum balas dan ulasan yang baik melalui media rangkaian sosial dan profesional dan platform. Ini amat dihargai.

Segala puji bagi

Pemikiran   Positif,   Kuasa Keyakinan

Percaya pada diri sendiri untuk Hidup yang Lebih Baik

* Buku ini adalah berpotensi transformasi Amat disyorkan untuk semua.

Vinny M, Melbourne
* Motivasi A, mudah untuk membaca buku yang kita semua akan menghargai. Gautam Sharma adalah seorang lelaki yang bijak yang telah menulis versi suling abad undang-undang universal lama dan penyelidikan moden buku

findings.This akan memberi anda rahmat yang dialami sangat positif dan pasti akan memberi anda keyakinan untuk memenuhi situasi yang mencabar! Worth membaca segera. Herbert D.

* Berfikiran positif dan positif hanya sikap yang membuat kita bahagia dan sihat. Gautam Sharma telah tepat mengemudi kita untuk beriman kepada kebenaran ini. A sangat bermaklumat, mesti membaca book.NB.

* Saya mesti memuji Gautam Sharma untuk berkongsi dengan kita semua kebijaksanaan pemikiran positif. Saya benar-benar suka apabila dia berkata "pemikiran anda membentuk dunia anda dan keyakinan yang paling penting untuk kebahagiaan. Tambahan pula, keyakinan adalah tabiat / kemahiran yang paling atas semua orang yang berjaya ". Malah, kajian Gallup pada kadar kepimpinan negara berharap sebagai bahagian atas longgokan ". Obama menjadi Presiden janji ini! KT

* Apakah satu cara yang baik untuk menyuarakan perspektif anda pada satu aspek semua penting dalam kehidupan, dalam bentuk buku ini.
SOCongratulations dan ingin Gautam Sharma banyak   lagi.

* Buku Cemerlang pada pemberian kuasa dan bagaimana ia memberi panduan kepada tindakan kita. Secara keseluruhan lima Star.

* "Adakah anda sentiasa bimbang tentang esok? Adakah anda ingin menghapuskan tekanan dari kehidupan anda? Untuk mendapatkan jawapan ini membaca buku ini byGautam Sharma dan mula

menikmati   life..Beautifully   anda   ditulis"   ..
Sheena   M

* Dalam buku yang luar biasa ini, penulis memberikan pandangan segar ke dalam kuasa pemikiran positif dan bagaimana kita mempunyai peluang untuk membentuk hasil perjalanan hidup. Berdasarkan pengalaman peribadinya, penulis telah menarik inspirasi daripada pelbagai sumber dan disusun untuk pembaca, tindakan konkrit untuk mengatasi kesusahan dan merealisasikan potensi penuh dengan kreativiti individu. Membaca yang tidak ternilai!

Nita..B.

Mengenai Pengarang

Pemikiran Positif Mentor & Pengarang Gautam Sharma (pintar, dicapai, berkebolehan, profesional yang berpengalaman) telah menetap di Asia, Eropah, Afrika dan kini tinggal di Amerika Syarikat merangkumi dan ajaib hanya menguatkan kuasa keyakinan. Dia berkongsi wawasan ke dalam tingkah laku manusia dan potensi manusia melalui falsafah, perspektif psikologi dengan pandangan perkongsian terbukti, penemuan penyelidikan dan bagi memberi kuasa kepada orang di seluruh dunia. Penulis merancang untuk menggunakan kekuatan beliau profesionalisme, pengalaman yang berbeza-beza, kreativiti dan kemahiran komunikasi 'untuk menerbitkan Pengupayaan Siri onself-help, topik motivasi. Terima kasih bernilai pembaca atas sokongan anda dan maklum balas anda baik. Yang ingin anda banyak berfikiran positif kerana anda terus percaya pada diri sendiri untuk hidup yang lebih baik.

Penafian: Penulis berkongsi pemikiran dan falsafahnya untuk cadangan purposes.Adviceand maklumat dan pendidikan yang diberikan di sini bukan untuk rawatan untuk sebarang keadaan perubatan atau mental. Anda semata-mata bertanggungjawab untuk berunding dengan pengamal perubatan bertauliah untuk rawatan berdasarkan keadaan tertentu dan keperluan anda.

kandungan
Pengenalan

Pengenalan

a. "Mengharapkan yang terbaik dan Alam Semesta akan menjadi kenyataan matlamat anda, impian dan keinginan" "(dari Kitab Suci)
b. "Keyakinan, harapan, iman boleh nyata mukjizat" (diterjemahkan dari Veda)
Dari seawal Kitab Suci dan Veda kepada 2015 kajian baru-baru ini, penyelidikan di institusi di seluruh dunia, penemuan bahagian dan tulisan-tulisan mengesahkan kebenaran sejagat kekal pernah tetap "pemikiran anda membentuk dunia anda dan keyakinan yang paling penting untuk kebahagiaan. Tambahan pula, keyakinan adalah tabiat / kemahiran yang paling atas semua orang yang berjaya.

Buku ini telah ditulis berdasarkan abad undang-undang universal lama serta hasil penyelidikan moden untuk memperbaiki kehidupan. Anda boleh mula mempunyai iman di dalam diri kamu

dan mendapatkan semula keyakinan diri -esteem anda untuk mencapai matlamat anda. Amalkan langkah-langkah mudah beberapa kali setiap hari:
A. Amanah Universe: Anda adalah sebahagian daripada ciptaan Ilahi dan ungkapan indah kehidupan. Hayati dan menerima keesaan anda dengan Ketuhanan dan mengulangi ini dalam fikiran anda dan dalam kata-kata apabila kebangkitan, pada siang hari dan sebelum tidur. "Saya sudah bersatu dengan Teologi dan ungkapan indah kehidupan ilahi Saya sedang bertujuan untuk menjadi selamat, selamat dan baik dalam semua cara yang mungkin pada setiap masa. "
B. Simpan memberi tumpuan kepada positif, kerana apa sahaja yang anda memberi tumpuan kepada mengembang Jadi mengembangkan positif daripada siapa anda dan semua yang anda ada. Bersyukurlah dan bersyukurlah untuk fakta bahawa anda masih hidup, bersyukur kerana anda mempunyai udara yang cukup untuk bernafas dan kerana anda boleh bernafas, anda boleh bau kesegaran alam semula jadi dan bunga ros. Bersyukurlah untuk fakta bahawa matahari, udara dan air menyimpan semua manusia, bentuk-bentuk hidup yang lain dan tumbuh-tumbuhan hidup. Kita semua mempunyai begitu banyak

perkara yang bersyukur kira-kira, senarai itu akan berjalan ke dalam berpuluh-puluh atau beratus-ratus dan beribu-ribu. Dengan tabiat yang mengucap syukur dan berterima kasih, anda memperluaskan skop kebaikan yang anda terima. A ikrar sangat mudah lagi berkesan untuk mengulangi dalam fikiran anda ialah: "Saya berhak mendapat yang terbaik, mengharapkan yang terbaik dan menerima yang terbaik pada setiap masa". Mengatakan ia dan percaya ou yang semua betul dan melakukan semua hak tanpa mengira apa yang sedang berlaku itu mempercayai alam semesta dan anda akan melakukan semua betul

Terdapat begitu banyak kelimpahan yang ada di alam semesta dan lebih banyak anda menyentuh mengenai banyak dan kebaikan, moreyou akan mencrima. "Conceive, beriman dan mencapai" ini bukan slogan semata-mata, ia adalah asas untuk membawa getaran tenaga untuk menjadi hidup dan menjadi perkara-perkara material Pencipta telah membentuk undang-undang ini untuk manusia dan untuk semua makhluk hidup dari awal penciptaan untuk selama-lamanya.

proses pemikiran adalah penting untuk mewujudkan constantlyevolving kami Pemikiran lives.ur sepenuhnya memberi bentuk kepada pengalaman kami dan kepada perkara-perkara material dalam kehidupan kita.

Hidup kita adalah bagaimana kita membentuk mereka dengan fikiran kita. Dari latar belakang yang pelbagai pemikiran dan sistem kepercayaan, kami membuat segala-galanya di jalan siapa kita dan apa yang kita ada. Bunyi sedikit menarik dan agak ajaib doesn [t ia? Tetapi itu adalah bagaimana ia berfungsi hanya dengan memikirkan hasil positif kebanyakan masa, kita mendapatkan mereka yang nyata untuk kita. Ia adalah logik bahawa untuk mengarahkan hasil kehidupan kita, kita perlu belajar untuk mengawal sifat perbualan mental berulang dan dominan kami. Semua ini boleh dicapai dengan jumlah yang adil tumpuan dan amalan biasa yang kita boleh terus untuk menarik acara hanya positif ke dalam hidup kita; semua apa yang kita berhasrat untuk mempunyai dan pengalaman hidup yang lebih baik. Kuasa pemikiran positif boleh membantu anda mencapai semua, sebaik sahaja anda menerima kebenaran bahawa fikiran anda mencipta reality.- anda sekarang dan di masa hadapan. Dengan cara yang sangat praktikal dan terma yang menggalakkan, kami sepenuhnya pencipta sebenar realiti kita sendiri, setiap masa dan dalam semua keadaan Kita sendiri membentuk kehidupan anda dengan fikiran anda, kepercayaan dan perasaan. Pada pandangan pertama logik ini mungkin mungkin kelihatan palsu, tidak relevan atau tidak berasas kerana beberapa serta-merta boleh menunjukkan peristiwa-peristiwa yang tidak seolah-olah di luar kawalan anda: keadaan kelahiran anda, beberapa penyakit, beberapa kemalangan, musuh-musuh anda, dan bahawa ribut atau taufan yang mengorbankan begitu banyak. Kerana tidak ada yang berkata kepada diri mereka sendiri: ia okay bahawa saya kadang kala menganiaya, dirompak atau ditipu ".

Jadi mari kita sampai ke teras kebenaran sejagat dengan ketepatan .: di kebanyakannya bawah sedar tahap-bermula lama sebelum kelahiran dan kemudian dengan kepercayaan terkumpul yang pernah bawah sedar -Anda menciptakan mereka semua: setiap peristiwa, terperinci dan oleh itu semua kejadian dalam kehidupan anda.

Sebelum kelahiran kita telah memilih laluan;

semasa hayat kita memilih lorong. Satu sempurna berfungsi, badan yang sihat, berjuta-juta arteri Sebagai kesimpulan, corak mental anda adalah benar-benar hidup tetap anda: genetik, keturunan, bentuk kulit benua, bentuk badan dan sebagainya suka pada serta beberapa peristiwa penting yang telah ditetapkan seperti bara tertentu keluarga, masalah serius, warisan durian runtuh atau nasib yang baru ditemui. Anda kemudian memilih laluan arteri anda setiap saat bangun anda nyawa-dengan pemikiran anda. Ringkasnya, pemikiran anda mengumpul dan menjadi kepercayaan kuat, orang-orang kuat yang beroperasi pada tahap bawah sedar dan yang menyentuh urutan anda yang seterusnya di pilihan hidup. Tidak hairanlah apabila sesuatu yang tidak menyenangkan berlaku, kita berfikir bahawa kita mendapat tawaran yang tidak baik.

Marilah kita menyedari bahawa kita adalah sebahagian daripada greatUniversalmagnificence. ungkapan Weare kesedaran tertinggi dan kita lupa kebesaran banyak kali kami terutamanya bahawa impian dan keinginan kita boleh menjadi kenyataan dengan kuasa pemikiran kita yang biasa dengan Ketuhanan. Lebih awal kita menyedari hakikat ini dan mengambil kawalan sedar fikiran kita sebelum ini kita mengisytiharkan kebebasan kita dan mula hidup sejahtera

Bertindak balas kepada panggilan untuk tindakan, beralih daripada kewujudan semata-mata ke arah kehidupan meriah.

Mula mempercayai bahawa semua orang adalah sebahagian Teologi dan benar-benar indah., Anda adalah salah satu dengan sumber-kesedaran muktamad Super ".Ini terbukti nilai dalam kerohanian selama lebih 3,000 tahun dan akan terus kekal sah untuk meningkatkan umat manusia.

Yang benar di atas adalah pelengkap kepada undang-undang sains kontemporari dan metafizik .Modern saintis, penyelidikan mengenai blok binaan asas alam semesta telah menemui undang-undang lain. Berikut adalah satu: kedua-dua kehadiran dan tingkah laku zarah subatom bergantung kepada apa yang sedang berlaku dalam fikiran ahli sains ".

"Ini mungkin bunyi sedikit make fiksyen percaya tetapi adalah benar-benar secara saintifik benar dan telah ditiru banyak kali. Implikasi yang menakjubkan. Sebagai seorang pakar penyelidik sains meletakkannya," Ahli fizik hari ini mendedahkan sempadan belum diterokai. "

sains   konvensional   menganggap   bahawa

kesedaran timbul daripada objek fizikal. Metafizik menyatakan bahawa sebaliknya adalah benar juga, sesuatu yang Asia Hindu Masters telah dikenali selama 3,000 tahun. Tidak hairanlah bahawa Buddha (pencerahan) meletakkan cara ini: "Apa yang kita adalah hasil daripada apa yang kita sangka. Minda adalah segala-galanya. Apa yang kita fikir adalah apa yang kita dan apa yang kita menjadi. Dunia ini adalah unjuran fikiran kita "

sistem kepercayaan kami adalah seperti misteri kerana ia adalah kompleks. Kami bercakap tentang dan menyatakan diri kita sendiri melalui satu set kepercayaan yang telah berakar umbi dalam diri kita sejak lahir dan hidup dengan banyak kepercayaan, ada yang merupakan sebahagian daripada bawah sedar kita. masalah. Jika anda percaya bahawa anda akan kehilangan fakulti anda seperti yang anda semakin tua, anda membawa penuaan awal pada diri sendiri.

pertaruhan saya adalah bahawa hampir setiap masyarakat dan kumpulan unsur yang tidak rasional dalam sistem kepercayaan mereka. (Jika ini adalah apa-apa yang tidak rasional soalan lain)

Contoh yang datang ke fikiran, mari kita lihat jika saya boleh menyelesaikan hampir membaca

setiap jawapan.

eksekutif perisian yang seolah-olah berfikir bahawa kaedah pembangunan air terjun boleh menghasilkan inovasi kadang-kadang penting.

Pengundi-pengundi yang percaya bahawa undi masing-masing membuat perbezaan dalam pilihan raya presiden

Ibu bapa yang percaya anak mereka adalah unik dan khas

Pelabur, mereka berkata, kalendar boleh memasarkan atau melebihi purata prestasi melalui urus niaga setiap hari

Beberapa nabi bijak dan orang yang berjaya mengesahkan kepada fakta "Sama ada anda percaya anda boleh, atau sebaliknya anda fikir anda tidak boleh, sama ada cara, anda benar-benar betul." Kata The Universe dan

Dalam cerita rakyat Amerika ada cerita kecil tetapi bermakna di kalangan suku asli Amerika Mohicans ':

A datuk dan cucunya yang duduk di unggun api

pada sejuk, malam senyap, dibungkus dalam pakaian panas dan merenung ke dalam api melompat. Tinggi pada ledges berbatu, liar yang wails menacingly dan kuat dan liar lain memberi respons dari jauh. Beberapa minit kemudian, orang tua itu berhenti seketika antara sedutan pada paip-Nya dengan berkata:

Cucu,: di sini adalah dua kucing liar di dalam semua orang. Seorang pun yang baik dan yang lain adalah tidak baik.

? Siapa mereka, Grand ayah? meminta berminat, budak lelaki itu ingin tahu.

? Mereka berjuang satu sama lain ,? berkata, lelaki yang bijak yang lama.

Budak lelaki itu difikirkan, kemudian bertanya,? Mengapa mereka yang baik dan buruk ??

Yang baik adalah kasih sayang, ketenangan dan kebenaran anda. Yang buruk adalah ketakutan anda, kemarahan anda dan tabiat buruk anda

Api crackles dan bunga api suar di sekeliling. The liar pada rabung wails lagi dan datuk sedutan bahagia di paip.

Akhirnya, budak itu bertanya: siapa yang akan menang, datuk?

Well, kata orang tua, mengeluarkan paip sekali lagi. Antara perkara yang menang adalah yang anda menghadiri.

Melayani baik dalam anda. Sambung kepada sumber dan anda akan diperuntukkan.

Anda menjadi apa yang anda fikirkan paling. Apa yang anda rasa mengikuti anda, apa yang anda percaya membina di sekeliling anda.

Jika mungkin anda tertanya-tanya: jika kita mendapatkan apa yang kita memberi tumpuan kepada, mengapa kita mendapat begitu banyak daripada apa yang kita tidak mahu? Ini kerana kita sering memberi tumpuan paling ghairah kepada apa yang kita tidak mahu, dan alam semesta peribadi kita sentiasa memberikan nafsu yang paling berharga. Berhati tepat dan khusus tentang apa yang anda mahu dan tidak meletakkan pemikiran kepada apa yang anda tidak mahu. negatif Double tidak berfungsi. Jadi melangkau "Saya tidak mahu sakit lagi", sebahagian besarnya kerana perkataan kayu sakit, jadi kenyataan yang ideal atau pemikiran akan menjadi "saya dengan wajah yang berseri sihat di sini dan sekarang dan untuk sentiasa dan boleh membantu orang lain kerana saya mempunyai kesihatan yang sempurna dan kekuatan. Jika anda tidak gembira dengan pekerjaan anda sekarang atau profesion itu sendiri bahawa anda berada dalam, dijauhi dari pemikiran tentang bagaimana anda boleh lari dari tempat kerja dahsyat anda. Sebaliknya menggambarkan tempat kerja yang gembira, kerja produktif yang memberikan anda kepuasan dan mendapat pahala ganjaran dan pengiktirafan. anda Berikut adalah tahap yang paling kuat negatif proses manifestasi-fikir. berfikir anda tidak pencipta hidup anda, tetapi mangsa keadaan Menyalahkan keadaan anda pada semua yang lain daripada diri sendiri, mungkin langit walaupun anda keturunan keluarga, nasib lahir, ibu bapa, negara, kemelesetan, kemalangan, penyakit atau pemimpin. Ia adalah sentiasa sukar. anda sememangnya tidak mampu. anda adalah mangsa dan kehidupan adalah azab yang ..... Adakah anda orang ini?

Mungkin lebih baik dan positif di peringkat seterusnya, lebih berkembang: anda kadang-kadang orang yang membuat hidup anda sendiri. Anda boleh mempengaruhi beberapa peristiwa, tetapi kebanyakannya, kuasa-kuasa luar adalah terlalu kuat untuk melawan. Anda menyalahkan kebanyakan keadaan anda pada sesuatu yang lain daripada diri sendiri. Anda mengambil tanggungjawab atas apa yang berlaku kepada anda. Anda mempunyai beberapa nilai beberapa berpotensi. Hidup ini satu perjuangan dengan beberapa acara kemuncak ..... Adakah anda suka ini?

Jika tidak, mari kita mengambil ia lebih tinggi: anda yang sebahagian besarnya adalah pembuat hayat anda. Anda boleh mempengaruhi kebanyakan acara, walaupun kadang-kadang kuasa-kuasa luar yang terlalu besar. Anda bertanggungjawab untuk sebahagian besar tindakan anda. Anda menghabiskan sedikit masa menyalahkan orang lain untuk acara-acara yang menyakitkan. Anda adalah orang yang berharga dengan kesalahan. Anda mempunyai banyak potensi. Kehidupan adalah satu cabaran yang menarik dan sering menyeronokkan. Adakah anda lebih dekat kepada ini?

Sekarang tertinggi: pada standard yang tinggi tahap Evolved mana kepercayaan adalah bahawa anda adalah sepenuhnya pembuat hidup anda. Anda adalah sebahagian daripada bidang yang besar kesedaran yang mempunyai banyak pengembaraan dan banyak realiti, termasuk anda. Anda tidak melihat watak bumi anda seperti anda, tetapi sebagai makhluk rohani terkemuka dalam bentuk manusia berkembang. setiap pemikiran, sikap dan tindakan anda yang anda lakukan Anda bertanggungjawab sepenuhnya, bukan sahaja untuk ciptaan anda tetapi untuk maklum balas anda untuk ciptaan anda. Anda tidak pernah menyalahkan atau hakim lain untuk pengalaman anda. bernilai yang wujud dan nilai semakin meningkat setiap hari. hidup anda adalah, pengembaraan riang indah di laluan licin, dengan turunnya beberapa tetapi kebanyakannya up semua bersama-sama.

Adakah anda pada peringkat ini? Ini adalah standard kepercayaan Apa standard manifestasi-kepercayaan anda memiliki anda akan mewujudkan keadaan yang akan membuktikan anda betul. Apa yang anda percaya akan terus berlaku untuk anda dan di sekeliling anda.

Mind menjelma mukjizat kebenaran sejagat yang terbukti. Percaya dan menerima keyakinan, kebahagiaan, kesihatan, kasih sayang, keamanan, keharmonian, kegembiraan, kepuasan, cinta diri dan harga diri dan pengalaman semua ini dengan banyaknya sebaik sahaja anda membuat keputusan untuk supaya memberi kuasa kepada hidup anda. Membesar, saya telah ditegur oleh ibu bapa saya, yang ramai kanak-kanak dapat mendengar. "Tidak berkelakuan seolah-olah seluruh dunia berputar di sekeliling anda" Malah, ia Atau sebaliknya, dunia saya tidak Dan begitu juga anda harfiah... . Sebagai fizik kuantum mula menemui, terdapat nombor terhingga dunia tenaga. pengalaman kesedaran anda berputar di sekeliling anda, membuat semua yang anda tahu dan pengalaman serta trilion plus sel-sel dalam badan dan minda anda. anda di badan etheric dalam gelembung tenaga membuat anda. medan tenaga tersebut berinteraksi dengan medan tenaga orang lain. Tiap-tiap arahan yang anda menuju masuk dengan badan anda, minda dan aura, anda membuat acara dan butir-butir pengalaman anda.

Bab satu

Selama lebih beberapa dekad kini, ramai Masters rohani, jurulatih kehidupan dan pengamal disahkan telah sedar kuasa ikrar positif dilamar berkhasiat dan menyegarkan minda, badan dan semangat. Dalam istilah yang mudah, ia adalah amalan secara berterusan ingraining melalui pemikiran dan bercakap niat positif dan ikrar kesejahteraan, kebahagiaan, harga diri dan kelimpahan dari segi sangat khusus mengalami mereka di sini sekarang dan berterima kasih untuk semua kebaikan tersebut.

Terus mengulangi secara senyap-senyap dalam fikiran anda perkara berikut seperti yang anda pergi melalui hari anda: "Kesihatan, kekayaan, kebahagiaan kejayaan mengalir melalui saya sekarang dan pada setiap masa." .Repeat Ini seberapa kerap yang anda boleh pada siang hari dan sebelum tidur dan apabila bangun dari tidur. Tidak lama kemudian anda akan mula mengalami mood yang lebih baik, mula mempunyai sikap yang positif terhadap orang dan perkara-perkara dalam kehidupan dan keseluruhan mencari perkara-perkara yang baik berlaku sepanjang masa.

Beberapa perkara yang terbaik di dunia tidak boleh dilihat atau disentuh, kerana tiada seorang pun daripada mereka adalah objek di luar. Kita dilahirkan dengan mereka dan mereka wujud dalam diri kita. Menikmatinya melalui deria dalaman anda dan dengan hati anda. Yang terbaik dan paling indah adalah: keyakinan, kebahagiaan, harapan, kepercayaan, keamanan, terima kasih, cinta, kegembiraan, kasih sayang dan keharmonian. Mencapai dalam, memanfaatkan sumber-sumber yang luas dan memulakan hidup kehidupan yang lebih baik.

Yang berbunyi "Kita menjadi bagaimana dan apa yang kita fikirkan tentang diri kita" bukan sahaja merangkumi pengalaman praktikal kami, tetapi semua termasuk bagi mendekati semua keadaan dan hal keadaan kehidupan kita Kami benar-benar adalah apa yang kita berfikir dan watak kita dan corak kehidupan jumlah kepada jumlah lengkap semua fikiran kita. Fikiran kita menjadi kata-kata kita dari masa ke masa, kata-kata kita menjadi perasaan dan perlahan-lahan perasaan kita yang nyata sepanjang corak tingkah laku yang positif atau negatif.

Sama seperti tumbuhan tumbuh daripada biji benih, begitu juga semua tindakan kita mekar dari dalam benih tanah pemikiran, dan tidak mungkin muncul tanpa mereka. Ini juga termasuk perbuatan yang dipanggil "spontan" dan "tidak dirancang" dan juga kepada orang-orang yang sengaja dilaksanakan.

Tindakan adalah berbunga pemikiran, dan kebahagiaan dan rasa tidak puas hati adalah buah-buahan mereka

Kami menerima buah-buahan manis atau pahit berdasarkan jenis tumbuhan benih kita.

"Pemikiran dalam minda anda telah membuat anda kerana anda berada di dalam badan, minda dan semangat. Semua apa yang kita kini mula dengan fikiran kita dan mengakhirinya dengan manifestasi mereka Apabila hati manusia membawa fikiran jahat, sakit berikut tidak lama lagi sebagai hasil langsung

..Whenever Kita menerima kesucian pemikiran,

kegembiraan berikut seperti yang dilakukan oleh mana-mana undang-undang alam Kita semua berkembang melalui proses pemikiran kita dan mewujudkan keadaan kita sendiri. Sebab dan akibat seperti mutlak dan undeviating di kawasan tersembunyi pemikiran seperti dalam dunia perkara yang boleh dilihat dan material. Badan manusia terdiri daripada gabungan banyak sistem biologi terdiri dengan hampir 100 trilion sel. Semua manusia adalah unik ke tahap di mana tidak pernah ada sesiapa betul-betul sama dan tidak pernah akan sama kerana setiap daripada kita dan gabungan produk, beberapa baik, beberapa sederhana dan ada yang buruk. Mereka juga mengeluarkan alat-alat yang mereka membina sendiri istana syurga kegembiraan dan kekuatan dan rahmat. Dengan pilihan yang tepat dan permohonan sebenar pemikiran, orang naik ke kesempurnaan ilahi; oleh penyalahgunaan dan permohonan salah pemikiran, mereka turun di bawah paras binatang. Antara kedua-dua keterlaluan adalah semua gred watak, kerana orang adalah pembuat dan tuan-tuan mereka. Ini mungkin datang sebagai wahyu yang mendalam kepada beberapa bahawa kita semua mempunyai dalam diri kita sendiri bahan-bahan mentah dan alat-alat untuk membentuk semula diri kita dalam daging dan darah sebagai orang yang kita mahu dan mempunyai dalam diri kita sendiri mekanisme untuk hidup kehidupan impian kita.

Ia adalah rohani menaikkan semangat untuk merealisasikan kuasa ilahi kami dan kehebatan, kesatuan kita dengan Alam Semesta dengan hakikat topi manusia adalah tuan takdir mereka, bahawa kita membentuk watak kita, dan kami membuat dan membentuk keadaan mereka, alam sekitar, dan nyawa.

.through undang-undang pemikiran; Penemuan ini adalah betul-betul suatu perkara yang aplikasi, analisis diri, dan pengalaman.

Sama seperti dengan banyak mencari dan perlombongan, emas dan berlian yang ditemui, kita semua boleh mencari setiap kebenaran yang berkaitan dengan diri kita apabila kita menggali jauh ke dalam lombong sof jiwa dan mendapati bahawa kita membuat watak-watak kami dan mencipta kehidupan kita dan dengan itu membina takdir kita . Kami akan meningkatkan dengan menonton, mengawal, dan mengubah fikiran kita, mengesan kesan mereka ke atas diri kita, orang-orang di sekeliling kita dan apabila kehidupan dan keadaan kita, menghubungkan sebab dan akibat oleh amalan pesakit dan penyiasatan, dan menggunakan alam semula jadi setiap pengalaman, walaupun untuk yang paling remeh , kejadian sehari-hari sebagai satu cara untuk mendapatkan pengetahuan tentang dirinya yang memahami, kuasa kebijaksanaan. Ke arah ini, kerana dalam tidak ada yang lain, adalah undang-undang adalah mutlak.

 Orang yang mencari, sentiasa mencari dan mereka yang cuba sukar berjaya, usaha yang ikhlas akan diberi ganjaran kerana dengan fokus, dedikasi dan konsisten perbuatan impian dan keinginan dimanifestasikan.

Bab dua

untuk abad jurutera dan saintis telah memberi tumpuan hanya kepada mencari maklumat apa yang diperhatikan dan dikira. Idea bahawa pemikiran mempunyai kuasa tidak saintifik boleh diterima. Walau bagaimanapun fakta-fakta yang bahawa pemikiran melakukan bergerak zarah subatom sekitar dalam otak dan sistem saraf kita. Jadi, walaupun setiap neuron di dalam otak sehingga kini, tidak dapat dilihat dan diikuti, aliran neuron dikesan pada MRI (pengimejan resonans magnetik) peralatan. Seperti aliran diukur neuron mempunyai corak yang jelas dan boleh diramal aktiviti dan mereka menyala atau "api-up" sebagai tindak balas kepada fungsi tubuh dalaman atau rangsangan luar yang pada kesan seterusnya aliran darah dan oksigen darah tahap tepat diukur. Kecanggihan dalam ukuran neurologi saintifik sentiasa berkembang dan bertambah baik, kajian kini mendedahkan perubahan dalam tingkah laku bahan kimia yang mengikat neuron.

Terdapat asas untuk sel-sel neurotransmitter statingthat dalam otak anda mendengar fikiran anda dan memilih di atas perasaan dalam diri anda yang fikiran anda menghasilkan, yang membawa kepada kesimpulan bahawa pemikiran melakukan perubahan fungsi badan anda dan hasil kehidupan. Datang untuk memikirkan hikmah yang berabad-abad megah 'Archimedes, yang berkata: "Berilah aku tuil panjang dan kuat, titik tumpuan dan tempat untuk berdiri dan saya akan bergerak bumi". Yang bukan sahaja undang-undang fizik tetapi juga undang-undang pemikiran positif. Beliau bercakap tentang bergerak bumi pada masa itu? Apalagi otak anda dengan kemajuan saintifik boleh bayangkan pada masa ini? Semula mengatur galaksi jauh?

Adakah anda tertanya-tanya mengapa kita berasa tidak bersenjata pada masa-masa apabila kita membaca atau mendengar berita tentang beberapa diktator mendominasi rakyat mereka? Walau bagaimanapun wujud pertahanan mudah diakses yang melampaui senjata kerajaan dan hanya memerlukan usaha untuk digunakan. Dalam diri kita adalah kuasa minda manusia. Satu kajian penyelidikan baru-baru memberi tumpuan kepada kuasa tarikan untuk mencipta kekayaan. Bertentangan dengan apa yang banyak berfikir, pengumpulan kekayaan bukan matlamat kita yang paling penting .using sumber kewangan dan lain-lain untuk keamanan, meningkatkan taraf hidup merentasi sempadan dan mengawal pemanasan global adalah isu-isu yang lebih penting apabila masa depan seluruh dunia menghadapi risiko.

Fikiran manusia adalah seperti taman, yang boleh teliti ditanam atau dibenarkan untuk menjalankan liar; tetapi sama ada ditanam atau diabaikan, ia akan berkembang dan mengambil bentuk Jika tiada benih berguna dimasukkan ke dalamnya, kemudian yang banyak tidak berguna rumpai-benih akan merebak dalam dan akan terus menghasilkan banyak rumpai   .Walau

bagaimanapun   benih   berkualiti   akan
menghasilkan bunga yang cantik dan hasil tuaian
.

Sama seperti tukang kebun menanam taman-
taman mereka, menjaga mereka bebas daripada
rumpai, dan bunga dan buah-buahan yang mereka
merancang untuk berkembang, jadi mungkin
anda cenderung taman fikiran anda, merumput
keluar semua pemikiran yang salah, tidak
berguna, dan tidak suci dan memupuk terpilih
bunga dan buah-buahan pemikiran betul berguna,
dan tulen. Dengan mengikuti proses ini, anda
lambat laun akan mendapati bahawa anda adalah
tuan-kebun jiwa anda, controllerof kehidupan
anda. Dalam diri anda akan menyedari undang-
undang   pemikiran   dan   tepat   memahami,
bagaimana pemikiran-daya dan corak fikiran
mengalir melalui dalam membentuk watak anda,
takdir dan keadaan, watak Pemikiran dan watak
adalah sejajar dan watak ikhlas hanya boleh nyata
itu sendiri melalui persekitaran dan keadaan,
keadaan luar kehidupan seseorang itu akan
sentiasa boleh didapati untuk diselaraskan dengan
/ negerinya dalaman beliau. Ini tidak bermakna
bahawa keadaan seseorang pada waktu tertentu
adalah tanda keseluruhan wataknya, tetapi itu hal

keadaan begitu rapat dengan beberapa penting pemikiran-elemen dalam dirinya itu, yang pada masa itu, mereka amat diperlukan untuk perkembangannya. Oleh undang-undang diri kita, kita di mana dan bagaimana kita hidup = dibina ke dalam watak kita, pemikiran membawa kami di sana, dan dalam susunan kehidupan kami di sana tidak ada unsur-unsur kebetulan, tetapi segala-galanya adalah hasil daripada undang-undang yang tepat dan semua-berleluasa. Ini adalah sama benar dari orang-orang yang merasa "daripada harmoni" dengan persekitaran mereka sebagai orang-orang yang berpuas hati dengan diri mereka sendiri.

Seperti yang progresif dan berkembang makhluk, kita diletakkan di mana kita berada supaya kita boleh belajar bahawa kita boleh berkembang; dan seperti yang kita belajar pelajaran rohani yang berkenaan dengan keadaan kami telah bagi kita, pengalaman Evolve memberi laluan kepada pengalaman yang lebih baru.

Pada bila-bila masa, jika anda rasa diterjang oleh keadaan ia akan menjadi selagi anda yakin diri anda makhluk keadaan di luar, goncang diri untuk menyedari bahawa anda adalah kuasa kreatif anda, dan bahawa anda boleh perintah tanah yang tersembunyi dan benih makhluk anda yang mana keadaan berkembang, anda kemudian menjadi tuan yang berhak.

Sejak keadaan berkembang daripada pemikiran setiap orang tahu yang mempunyai untuk masa yang lama mengamalkan kawalan diri dan penyucian diri, kerana dia akan sedar bahawa perubahan itu dalam keadaan beliau telah dalam nisbah yang tepat dengan keadaan mental yang diubah itu. Jadi benar adalah ini bahawa apabila seorang lelaki dengan sungguh-sungguh terpakai dirinya untuk membetulkan kecacatan dalam wataknya, dan membuat pantas dan menandakan kemajuan, dia lulus dengan cepat melalui berturut-perubahan hidup yang ketara.

Jiwa menarik yang secara rahsia pelabuhan; apa yang ia suka, dan apa yang ia takut; ia mencapai ketinggian aspirasinya dihargai; ia jatuh ke tahap keinginan chastened kemuncak, - dan keadaan adalah cara dengan mana jiwa menerima sendiri.

Setiap pemikiran-benih disemai atau dibiarkan jatuh ke dalam minda, dan untuk mengambil akar di sana, menghasilkan sendiri, mekar lambat laun ke dalam perbuatan, dan galas tuaian sendiri peluang dan keadaan. fikiran yang baik menghasilkan buah yang baik, pemikiran buruk buah yang jahat.

Dunia luar keadaan membentuk dirinya untuk

dunia dalaman pemikiran, dan kedua-dua menyenangkan dan tidak menyenangkan keadaan luaran adalah faktor-faktor, yang untuk kepentingan utama individu dilupakan. Oleh kerana malaikat maut tuaian sendiri, manusia belajar masing dengan penderitaan dan kebahagiaan.

Mengikuti terdalam keinginan, cita-cita, pemikiran, yang mana beliau membenarkan dirinya dikuasai, (mengejar benang imaginasi suci atau sabar dan berjalan di lebuh raya yang diceburi kuat dan tinggi), seorang lelaki akhirnya tiba di kegenapannya dalam keadaan luar beliau kehidupan. Undang-undang pertumbuhan dan pelarasan di mana-mana mendapat.

Seorang lelaki tidak datang kepada mahkamah atau penjara oleh kezaliman nasib atau keadaan, tetapi tengah-tengah jalan selalu jatuh pemikiran dan keinginan asas. Dan tiada yang demikian saleh berfikiran jatuh tiba-tiba ke dalam jenayah oleh tekanan daripada mana-mana kuasa luar semata-mata; pemikiran jenayah telah lama rahsia dipupuk di dalam hati, dan jam peluang mendedahkan kuasanya berkumpul. Keadaan tidak membuat lelaki itu; mereka menyatakan hal itu kepada dirinya sendiri Tiada syarat itu boleh wujud sebagai turun ke dalam maksiat dan penderitaan atendan selain dari kecenderungan ganas, atau naik ke kebaikan dan kebahagiaan tulen tanpa penanaman berterusan aspirasi mulia; dan manusia, oleh itu, sebagai tuan dan menguasai pemikiran, adalah pembuat dirinya dan pengarang alam sekitar. Walaupun ketika lahir jiwa datang kepada sendiri dan melalui setiap langkah haji buatan tangan manusia ia menarik orang-orang kombinasi keadaan yang mendedahkan dirinya, yang merupakan pantulan kesucian sendiri dan, kecemaran, kekuatan dan kelemahan.

Orang ramai tidak menarik apa yang mereka mahu, tetapi apa yang mereka berada. hawa nafsu mereka, hawa nafsu, dan cita-cita digagalkan pada setiap langkah, tetapi pemikiran terdalam dan keinginan mereka diberi makan dengan makanan mereka sendiri, sama ada kotor atau bersih. The "ketuhanan yang membentuk matlamat kita" adalah dalam diri kita; sangat diri kita. Pendek kata, anda boleh membelenggu diri anda atau menetapkan diri percuma: pemikiran dan tindakan adalah algojo Takdir - mereka memenjarakan, yang asas; mereka juga malaikat

Freedom - mereka membebaskan, yang mulia. Bukan apa yang dia mahu dan berdoa untuk seorang lelaki yang tidak dapat, tetapi apa yang dia adil dikerjakannya. hasrat dan solat hanya berpuas hati dan menjawab apabila mereka menyelaraskan dengan pemikiran dan tindakannya.

Dalam cahaya kebenaran ini, apa, maka, yang dimaksudkan dengan "menentang keadaan?" Ini bermakna bahawa seorang lelaki yang terus memberontak terhadap kesan tanpa, manakala semua masa dia adalah berkhasiat dan memelihara puncanya di dalam hatinya. sebab yang boleh mengambil bentuk seorang naib sedar atau kelemahan yang tidak sedarkan diri; tetapi apa pun, ia berdegil melambatkan usaha pemiliknya, dan dengan itu berseru nyaring untuk ubat.

Orang ramai bimbang untuk memperbaiki keadaan mereka, tetapi tidak sanggup untuk memperbaiki diri; oleh itu mereka kekal terikat. Mereka yang tidak terlepas daripada usaha bersungguh-sungguh tidak boleh gagal untuk mencapai yang tujuan tunggal adalah untuk memperoleh kekayaan mesti bersedia untuk membuat pengorbanan peribadi yang besar sebelum dia boleh mencapai objek itu; dan berapa banyak lebih-lebih lagi dia / dia yang akan menyedari kehidupan yang kukuh dan bersedia?

asas kemakmuran benar, dan bukan sahaja sama sekali unfitted untuk keluar dari keadaan yg menyedihkan, tetapi sebenarnya menarik kepada dirinya sendiri keadaan yg masih lebih mendalam dengan merenung dalam, dan bertindak keluar, malas, menipu, dan pengecut pemikiran.

.

Terdapat beberapa standard yang manusia boleh dibandingkan dengan dari segi berapa banyak tanggungjawab diambil oleh orang yang benar bahawa manusia adalah orang yg menyebabkan sesuatu (walaupun selalunya adalah tidak sedar) keadaan, dan bahawa, sementara yang bertujuan untuk akhir yang baik, dia terus mengecewakan pencapaian dengan menggalakkan pemikiran dan keinginan yang tidak mungkin dapat menyelaraskan dengan tujuan itu. Kes seperti ini boleh bertambah banyak dan diubah hampir selama-lamanya, tetapi ini tidak perlu, kerana pembaca boleh, jika dia membuat ketetapan sedemikian, mengesan tindakan undang-undang pemikiran dalam minda dan kehidupan sendiri, dan sehingga ini dilakukan, fakta luaran semata-mata tidak boleh berfungsi sebagai alasan penaakulan.

Keadaan, bagaimanapun, rumit demikian, pemikiran begitu berakar umbi, dan syarat-syarat kebahagiaan berbeza begitu, jauh dengan individu, bahawa seluruh jiwa-keadaan manusia (walaupun ia boleh dikenali kepada dirinya sendiri) tidak boleh dinilai oleh yang lain dari luar aspek kehidupan beliau semata-mata. Seorang lelaki boleh menjadi jujur dalam arah yang tertentu, namun mengalami privations; seorang lelaki boleh menjadi tidak jujur dalam arah yang tertentu, namun memperoleh kekayaan; tetapi kesimpulan biasanya terbentuk bahawa lelaki itu seseorang gagal kerana kejujuran tertentu, dan bahawa Sejahtera lain kerana kecurangan tertentu beliau, adalah hasil daripada suatu penghakiman cetek, yang menganggap bahawa lelaki yang tidak jujur adalah hampir sama sekali rasuah, dan lelaki yang jujur hampir keseluruhannya mulia. Dengan mengambil kira pengetahuan dan pengalaman yang lebih luas lebih dalam penghakiman itu didapati salah. Orang yang tidak jujur mungkin mempunyai beberapa sifat yang terpuji, yang lain tidak, tidak mempunyai; dan jujur lelaki maksiat menjijikkan yang tidak hadir dalam lain. Orang jujur menuai hasil yang baik pemikiran jujur dan bertindak;

beliau juga membawa atas dirinya penderitaan, yang menghasilkan maksiat. Orang yang tidak jujur juga banyak mendapat penderitaan dan kebahagiaan sendiri.

Ia berkenan kepada sia-sia manusia untuk mempercayai bahawa ia menderita kerana kebaikan seseorang; tetapi tidak sehingga seorang lelaki telah betul menghapuskan setiap pemikiran uzur, pahit, dan suci dari fikirannya, dan dibasuh setiap noda dosa dari dirinya, dia boleh berada di tempat yang mengetahui dan mengaku bahawa penderitaan-Nya adalah hasil daripada yang baik, dan tidak sifat-sifat yang tidak baik; dan dalam perjalanan ke, namun lama sebelum dia telah mencapai, bahawa kesempurnaan tertinggi, dia akan mendapati, bekerja di fikiran dan hidupnya, Undang-Undang Besar yang sememangnya adil, dan yang tidak boleh, oleh itu, memberi yang baik dengan kejahatan, kejahatan dengan baik. Orang yang berpengetahuan itu, beliau akan tahu, melihat ke belakang atas kejahilan masa lalu dan buta, yang hidupnya, dan sentiasa telah, adil diperintahkan, dan bahawa semua pengalaman masa lalu, baik dan buruk, adalah kerja Kalimat yang adil terhadap beliau berkembang, sendiri belum unevolved.

pemikiran dan tindakan yang baik tidak boleh

menghasilkan keputusan yang tidak baik; fikiran buruk dan tindakan tidak boleh menghasilkan keputusan yang baik. Ini adalah tetapi mengatakan bahawa tiada apa yang boleh datang daripada jagung tetapi jagung, apa-apa dari nettles tetapi nettles. Lelaki memahami undang-undang ini dalam dunia semula jadi, dan bekerja dengannya; tetapi beberapa memahaminya di dunia mental dan moral (walaupun operasinya terdapat hanya sebagai mudah dan undeviating), dan mereka, oleh itu, tidak bekerjasama dengannya.

Penderitaan sentiasa kesan pemikiran yang salah dalam beberapa arah. Ia menunjukkan bahawa individu itu adalah daripada keharmonian dengan dirinya sendiri, dengan Undang-Undang kewujudannya. Penggunaan tunggal dan tertinggi penderitaan adalah untuk membersihkan, untuk membakar semua yang tidak berguna dan tidak suci. Penderitaan tamat untuk beliau yang suci. Memang tidak ada objek dalam membakar emas selepas barang yg dibuang itu telah dikeluarkan, dan makhluk yang sempurna tulen dan pencerahan tidak dapat menderita.

Keadaan, mana seorang lelaki bertemu dengan penderitaan, adalah hasil daripada sendiri mental dalam suasana harmoni. Keadaan, mana seseorang   pertemuan   dengan   beroleh kebahagiaan adalah hasil daripada keharmonian mental sendiri. Kebahagiaan, bukan harta benda, adalah ukuran pemikiran betul; keadaan yg menyedihkan, tidak kekurangan harta benda, adalah ukuran pemikiran salah. Seorang lelaki boleh dikutuk dan kaya; dia boleh diberkati dan miskin. Kebahagiaan dan kekayaan hanya menyertai bersama-sama apabila kekayaan adalah betul dan digunakan dengan bijak; dan orang miskin hanya turun ke dalam keadaan yg menyedihkan apabila dia memandang banyak sebagai beban yang tidak adil dikenakan.

gangguan mental. Seorang lelaki yang tidak dapat mencapai dingin sehingga dia adalah makhluk yang bahagia, sihat, dan makmur; dan kebahagiaan, kesihatan dan kemakmuran adalah hasil daripada pelarasan harmoni dalam dengan luar itu, lelaki itu dengan keadaan sekelilingnya.

Seseorang yang hanya bermula untuk mempunyai apabila dia tidak lagi merengek dan mengadu, dan bermula untuk mencari keadilan yang tersembunyi yang mengawal hidupnya. Dan kerana dia menyesuaikan diri fikirannya bahawa sebab yang mengawal selia, dia tidak lagi menuduh orang lain sebagai punca keadaannya, dan membangun dirinya sendiri dalam fikiran kuat dan mulia; berhenti menendang keadaan, tetapi mula menggunakannya sebagai bantuan kepada kemajuannya lebih pesat, dan sebagai satu cara untuk menemui kuasa yang tersembunyi dan kemungkinan dalam dirinya.

Undang-undang, bukan kekeliruan, adalah prinsip mendominasi di alam semesta; keadilan, bukan kezaliman, adalah jiwa dan bahan hidup; dan kebenaran, tidak rasuah, adalah acuan dan daya bergerak dalam kerajaan spiritual di dunia. Ini begitu, manusia telah tetapi membetulkan dirinya untuk mendapati bahawa alam semesta ini adalah betul; dan semasa proses meletakkan dirinya hak dia akan mendapati bahawa dia mengubah fikirannya terhadap perkara-perkara dan orang lain, perkara-perkara dan orang lain akan mengubah ke arahnya.

Bukti kebenaran ini adalah pada setiap orang, dan oleh itu ia mengakui penyiasatan mudah dengan introspeksi sistematik dan analisis diri. Hendaklah orang yang secara radikal mengubah fikirannya, dan dia akan teruja dengan perubahan pesat ia akan memberi kesan dalam keadaan-keadaan materialis hidupnya. Lelaki bayangkan pemikiran yang boleh dirahsiakan, tetapi keadaan kemiskinan dan penyakit: fikiran tidak suci dari setiap jenis kenyataan kepada tabiat melemahkan dan mengelirukan, yang mengukuhkan ke dalam keadaan yang mengganggu dan buruk: pemikiran ketakutan, keraguan, dan kebimbangan menjadi kenyataan ke dalam lemah, pengecut , dan tabiat ragu-ragu, yang mengukuhkan ke dalam keadaan kegagalan, kefakiran, dan pergantungan tanpa fantasi: pemikiran malas menjadi kenyataan kepada tabiat kotoran dan tidak jujur, yang mengukuhkan ke dalam keadaan kekotoran dan pengemis: pemikiran kebencian dan menyalahkan kenyataan ke dalam tabiat tuduhan dan keganasan, yang mengukuhkan ke dalam keadaan kecederaan dan penganiayaan: pemikiran mementingkan diri sendiri semua jenis kenyataan ke dalam tabiat mementingkan diri, yang mengukuhkan ke dalam keadaan yang lebih atau kurang menyedihkan. Sebaliknya, pemikiran indah semua jenis kenyataan kepada tabiat rahmat dan sifat baik hati, yang mengukuhkan ke dalam keadaan baik hati dan cerah: pemikiran tulen menjadi kenyataan ke dalam tabiat kesederhanaan dan kawalan diri, yang mengukuhkan ke dalam keadaan berehat? Dan keamanan: Pemikiran keberanian , berdikari, dan keputusan menjadi kenyataan kepada tabiat waras, yang mengukuhkan ke dalam keadaan kejayaan, banyak, dan kebebasan: pemikiran bertenaga kenyataan kepada tabiat kebersihan dan industri, yang mengukuhkan ke dalam keadaan kesedapan: pemikiran lembut dan suka mengampuni kenyataan kepada tabiat yang lemah lembut , yang mengukuhkan ke dalam keadaan perlindungan dan pengawet: penyayang dan pemikiran mementingkan diri sendiri menjadi kenyataan ke dalam tabiat diri kealpaan untuk orang lain, yang mengukuhkan ke dalam keadaan pasti dan mematuhi kemakmuran dan harta yang sesungguhnya.

Sebuah kereta api tertentu pemikiran terus-menerus, sama ada baik atau buruk, tidak boleh gagal untuk menghasilkan keputusan pada watak dan keadaan. Seorang lelaki tidak boleh terus memilih keadaan, tetapi dia boleh memilih pemikiran, dan secara tidak langsung, maka sesungguhnya, membentuk keadaan beliau.

Nature membantu setiap orang untuk pemuasan pemikiran, yang paling menggalakkan, dan peluang dibentangkan yang paling cepat akan membawa ke permukaan kedua-dua fikiran yang baik dan jahat.

Hendaklah orang yang berhenti dari fikiran berdosa, dan seluruh dunia akan melembutkan ke arahnya, dan bersedia untuk membantu beliau; hendaklah ia meletakkan diri beliau lemah dan uzur pemikiran, dan sesungguhnya, peluang akan timbul pada setiap tangan untuk membantu ketetapan yang kuat; hendaklah ia menggalakkan fikiran yang baik, dan tidak ada nasib yang berat akan mengikat dia ke keadaan yg menyedihkan dan malu. Dunia ini kaleidoskop anda, dan kombinasi yang berbeza-beza warna, yang pada setiap saat berikutnya ia memberikan kepada anda adalah gambar-gambar yang dilaraskan indah pemikiran pernah bergerak-anda.

"Oleh itu, Anda akan menjadi apa yang anda akan menjadi; Mari kegagalan mencari kandungan palsunya Pada yang miskin perkataan, 'alam sekitar,' Tetapi semangat scorns, dan adalah percuma.

"Ia masa tuan, ia menakluk ruang; Ia lembu peluang yang penipu bermegah-megah, dan bida kata perpisahan untuk kejam Hal Keadaan itu, dan mengalu-alukan kembali kehendak manusia dan kesungguhan untuk berjaya.

"Kehendak manusia, yang memaksa ghaib, Keturunan yang Soul abadi, boleh memahat satu cara untuk apa-apa matlamat, Walaupun dinding granit campur tangan.

"Janganlah tidak sabar kelewatan Tetapi tunggu sebagai seorang yang mengerti bahasanya;. Apabila roh naik dan perintah Tuhan-tuhan bersedia untuk taat"

Bab Tiga

Tom jarang mendapat sakit. Dan apabila dia tidak, anda tidak boleh memberitahu. Ini kerana dia tidak mengadu, dia reaffirmsshe'll berada dalam keadaan yang baik "tidur afteragood malam."

Bob, bagaimanapun, adalah berbeza kerana dia menganggap bahawa setiap sniffle adalah tanda penyakit yang teruk dengan hasil yang gelap.

Tidak perlu dikatakan, Bob jatuh sakit lebih kerap daripada Tom dan mengalami lebih daripada dia. Salah satu sebab untuk perbezaan mereka mungkin boleh menjadi sistem imun mereka. Tetapi faktor yang sama penting, kajian penyelidikan menyimpulkan, adalah attitudes..one mereka yakin dan yang lain pesimis.

Menurut satu laporan yang sahih baru-baru ini yang disiarkan dalam Australian Institute Health Journal.

Ia telah mengesahkan bahawa anda boleh

mempercepatkan penyembuhan dengan membayangkan bahagian-bahagian yang terjejas semakin baik. Lebih baik anda berada di menggambarkan, semakin kuat kesan. Jadi, masa depan anda datang dengan selesema atau flu, bayangkan paru-paru anda dan sinus penjelasan. Bayangkan keradangan. mengurangkan. Bayangkan diri anda berasa lebih baik. Ia boleh, dalam semua kemungkinan, dapatkan yang lebih baik (Yang demikian itu adalah kuasa auto-cadangan)

Teori "fikiran mengenai perkara" telah terbukti sekali lagi 1990 seterusnya s di beberapa pusat penyelidikan Satu set kajian digunakan pil plasebo diberikan kepada pesakit diabetes, pesakit kemurungan yang mendapat lebih baik dengan jangkaan semakin baik sebagai ifmedications telah mengambil kesan sebagaimana yang ditetapkan dia fikiran membawa di jalan raya untuk badan untuk mengikuti dan supaya arahan yang taat kepada kedua dari minda, sama ada mereka sedar dinyatakan atau dinyatakan secara jelas. Apabila pemikiran yang ketat tidak baik dan negatif, kesihatan seseorang menderita dengan penyakit dan penyakit Apabila menerima arahan penuh dengan pemikiran optimistik dan riang badan kita bersinar dengan kecantikan dan kemudaan.

Kesihatan dan penyakit, seperti keadaan, berakar umbi dalam pemikiran. Pemikiran uzur akan meluahkan perasaan melalui sebuah badan uzur. Pemikiran ketakutan telah dikenali untuk membunuh seorang lelaki seperti pasti sebagai senjata dan mereka terus membunuh beribu-ribu orang sepanjang masa beberapa mungkin perlahan-lahan. Orang-orang yang hidup dalam ketakutan penyakit adalah orang yang mendapatkannya. Kebimbangan cepat demoralizes seluruh badan, dan meletakkan ia terbuka, pintu masuk penyakit ;. Begitu juga fikiran tidak suci, sentiasa diadakan, dari masa ke masa menghancurkan sistem saraf.

Pemikiran yang kukuh, murni, dan gembira membina tubuh dengan tenaga, daya tarikan dan rahmat. Badan adalah instrumen yang lembut dan fleksibel, yang bertindak balas mudah kepada pemikiran yang ia terdedah kepada dan corak pemikiran menghasilkan kesan mereka sendiri, baik atau buruk, ke mana sahaja.

Manusia akan terus mempunyai darah kotor dan

beracun, selagi mereka menggalakkan pemikiran najis. Dengan hati yang bersih datang hidup yang bersih dan badan yang bersih. Dari fikiran yang korup, yang Thought badan bersih adalah mata air tindakan, kehidupan, dan manifestasi; membuat mata air yang suci, dan semua akan menjadi tulen, berseri dan sihat

Ingat, hanya menukar diet anda tidak akan membantu anda jika anda tidak mengubah pemikiran anda. Apabila seseorang membuat fikirannya tulen, dia / dia tidak lagi berhasrat makanan suci.

Pemikiran bersih membuat tabiat bersih. Apa yang dipanggil wali yang tidak mencuci badannya tidak kudus. Dia yang telah diperkukuhkan dan disucikan fikirannya tidak perlu mengambil kira mikrob berbahaya.

Cara terbaik untuk melindungi badan anda adalah untuk menjaga fikiran anda sepanjang masa. Jika anda ingin memperbaharui badan anda, hanya mencantikkan fikiran anda. Pemikiran niat jahat, iri hati, kekecewaan, keadaan terdesak merompak badan kesihatan dan rahmat. Muka masam tidak datang secara kebetulan; ia dibuat oleh fikiran masam. Kedutan yang menandakan badan yang dicipta oleh kebodohan, penghinaan, dan bermakna tingkah laku.

Saya telah bertemu dengan wanita dalam sembilan puluhan mereka yang mempunyai terang, wajah-wajah yang tidak bersalah kanak-kanak perempuan. Saya tahu seorang lelaki baik di bawah usia pertengahan yang muka ditarik ke dalam kontur tdk seimbang. Bekas adalah hasil daripada pelupusan yang manis, positif dan cerah; yang kedua adalah hasil daripada kemurungan dan rasa tidak puas hati.

 Sama seperti anda tidak boleh mempunyai satu gula dan berkhasiat melainkan anda mengakui udara segar dan cahaya matahari bebas ke dalam bilik anda, s juga badan yang kuat dan wajah yang cerah, gembira, atau tenang hanya dapat hasil dari kemasukan percuma ke dalam aliran pemikiran kegembiraan dan muhibah dan ketenangan.

Pada sesetengah muka beberapa orang tua terdapat kedutan dibuat oleh simpati, orang lain dengan pemikiran yang kuat dan suci, tetapi orang lain yang diukir oleh rasa tidak puas hati. Ia adalah mudah untuk membezakan mereka, Dengan orang-orang yang telah hidup dengan benar, umur tenang, aman, dan lembut mellowed, seperti matahari terbenam. Saya baru-baru ini dilihat seorang ahli falsafah di ranjang beliau. Dia tidak lama kecuali pada tahun-tahun. Beliau meninggal dunia kerana manis dan aman kerana beliau telah hidup.

Tiada doktor seperti pemikiran ceria berterusan untuk menidakkan gejala badan; riang gembira dan joyousness adalah remedi terbaik untuk bersurai bayang-bayang kesedihan dan kedukaan. Untuk tinggal dalam fikiran benci, sinis, syak wasangka, dan iri hati, akan dikurung dalam sel penjara buatan sendiri. Tetapi untuk berfikir dengan baik sekali, untuk menjadi ceria dengan semua, untuk sabar belajar untuk mencari yang baik dalam semua - ini pemikiran mementingkan diri sendiri adalah portal sangat langit; dan mereka kekal di hari demi hari dalam rancangan damai sejahtera terhadap setiap makhluk akan membawa tiap dilimpahkan kepada orang yang mempunyai mereka. Mengamalkan meditasi kerap membantu orang ramai untuk mengekalkan keseimbangan yang harmoni antara minda, badan dan semangat dan keharmonian itu adalah sebuah negara utama untuk semua orang untuk menjalani kehidupan yang dipenuhi

Semasa meditasi anda akan mencari fikiran anda merentasi jauh di dalam menyebabkan kesedaran menaikkan semangat. jejak yang mendalam, pemikiran dilepaskan menyebabkan pemulihan.

Dari masa ke masa dengan mengulangi proses sekali lagi dan sekali lagi, kita boleh berasa bertenaga, segar, diperbaharui dan kuasa.

Bab Empat

Sehingga masa itu, fikiran anda secara langsung dikaitkan dengan tujuan tiada pencapaian yang bermakna. Ramai orang membenarkan fikiran mereka untuk "hanyut tanpa arah. Tidak mempunyai hala tuju yang jelas atau matlamat hanya membawa kepada orang yang mengikuti maze laluan tidak jelas tanpa kejelasan destinasi dan tujuan.

Ia adalah yang terbaik untuk mempunyai visi jangka panjang yang jelas atau beberapa tujuan untuk hidup anda dalam fikiran anda dan mula bekerja untuk mencapainya. Oleh itu, pgoals utama dan tumpuan fikiran anda. Mereka boleh beinspirational atau cita-cita rohani atau mereka boleh menjadi objek material, alam semula jadi dependingonyour di certainphases hidup anda .;

tetapi apa sahaja yang anda berharap dan berusaha untuk matlamat untuk terus memberi tumpuan pemikiran-pasukan anda kepada matlamat yang anda telah tetapkan sebelum diri sendiri. Malah kita semua perlu membuat matlamat kita keutamaan kami untuk hidup, dan mengambil tindakan untuk mencapainya mengabaikan gangguan dan peristiwa rawak untuk meletakkan kami di luar.

Walaupun dengan rasa fokus dan jalan yang jelas ke arah kejayaan, faktor-faktor di luar boleh menjejaskan pelan yang paling diletakkan dengan teliti. Oleh itu, anda mesti kekal didorong dan mental yang kuat sambil melihat untuk mencapai matlamat anda, kerana anda menerima pakai pandangan yang pragmatik dan bersedia untuk sebarang kemungkinan yang akhirnya memberi balasan cita-cita anda.

Sama ada ia menjadi rutin, matlamat yang lebih kecil atau cita-cita seumur hidup indah, menggambarkan diri anda mencapai matlamat tersebut dan menerima pujian daripada orang lain kerana menjadi pemenang. Visualisasi dan positif ikrar akan membantu anda menjana minda pemenang dan membekalkan semua tenaga yang anda perlukan. Menjaga fokus, memberikan semua yang anda ada dan berterusan sehingga anda mencapai matlamat anda.

Jiwa lemah, mengetahui kelemahan sendiri, dan mempercayai kebenaran ini bahawa kekuatan hanya dapat dibangunkan oleh usaha dan amalan, akan, dengan itu beriman, sekali gus mula mengerahkan dirinya, dan menambah usaha untuk usaha, kesabaran untuk kesabaran, dan kekuatan untuk kekuatan, tidak akan berhenti untuk membangunkan, dan akhirnya akan berkembang strong.Believe ilahi dalam realiti impian anda dan mereka akan menjadi kenyataan suatu hari nanti.

Salah satu kemahiran yang terbaik kita boleh memperoleh adalah untuk mencari kerja yang merangsang kita, membuat hati kita menyanyi dan menikmati pengalaman melakukannya dengan sebaik mungkin. Suka apa yang anda lakukan dan anda akan mencari kerja yang memuaskan.

kemahuan untuk melakukan mata air dari mengetahui bahawa kita boleh melakukannya. "Kita boleh melakukannya, ya kita boleh" slogan bekerja keajaiban untuk Encik Obama dan mendapat dia untuk menjadi thePresident.

Tujuan hidup adalah mencari sesuatu yang hidup untuk dan bukan semata-mata tinggal hidup. Kami mempunyai semua kelahiran diambil untuk hidup daripada tujuan yang paling besar dan mencapai self.It tertinggi kita pernah terlambat; menyusun semula, reequip dan mencergaskan semula diri anda untuk berfikir tentang bagaimana untuk dan melakukan apa sahaja yang anda boleh untuk baik yang terbaik.

Bab Lima

Pemikiran adalah penyampai niat kita yang mencipta reality.It kami telah terbukti di pelbagai titik masa dan meletakkan bahawa jika kita menghabiskan masa yang cukup untuk mencari makna hidup dan melihat melalui tulisan-tulisan pembangunan diri yang fikiran kita mencipta dunia kita. Ini bukan hipotesis kerana semua itu boleh disokong secara saintifik sebagai tepat. Pada mulanya kami wmay menjadi ragu-ragu dan mungkin mempunyai keraguan mengenainya ... Bagaimana seseorang boleh menjadi jutawan dalam masa yang singkat. Atau hanya hinking tentang mendapatkan nanas anda dikupas pasti nampaknya tidak membuat ia mengupas sendiri, jadi pada mulanya walaupun ini semua nampaknya tidak berasas dan tidak praktikal.
Walau bagaimanapun, berpegang topik ini untuk

whileWhen anda menghidupkan TV dan radio, gambar dan bunyi seolah-olah datang entah dari mana. Tidakkah ini bunyi agak sukar dipercayai juga? Namun anda boleh melihat semua gambar dan mendengar bunyi dan muzik areThere ini sudah tentu tiada tiub atau salur masuk yang menghubungkan radio atau televisyen ke apa-apa lagi. Anda hanya menghidupkannya, dan hey, ada bunyi picturesand. Ia sudah tentu adalah satu perkara sebenar tetapi tidak nampaknya jelas kelihatan bersambung.

"Ya, tetapi ia dikuasakan oleh elektrik dan terdapat katod mengunjurkan foton atau LCD," satu maysay, "Ada pelbagai elektron membedil skrin, melepaskan tenaga untuk mewujudkan imej yang kita lihat. Di sisi lain, ada orang menggunakan beberapa elektrik (atau bentuk tenaga) untuk kuasa pemancar mereka, menyebabkan beberapa gelombang elektromagnet, dan penerima anda di TV / radio anda mendapat isyarat tersebut dan menukarkan mereka. "Pendek kata, dalam pergi beberapa tenaga, beberapa gelombang berlaku, dan keluar datang beberapa perkara yang benar-benar jauh!

Yang luar biasa, maka, apa yang berlaku apabila anda berfikir tentang perkara ini? pemikiran anda adalah gelombang juga! Oleh kerana kita tidak benar-benar memahami bagaimana otak kita berfungsi, tidak mungkin bahawa bahagian otak adalah sebuah pemancar yang berjalan pada tenaga dari badan kita, dan menghantar gelombang pemikiran? Lagipun, kita tidak benar-benar tahu bagaimana pemikiran berfungsi sama ada! Mungkin bergantung pada penerima di hujung yang lain, orang-orang gelombang entah bagaimana ditukar ke dalam perkara, dan jika keputusan pemikiran dalam perkara fizikal sebenar yang dicipta, maka adakah itu tidak q mendidih ke fikiran kita mewujudkan realiti kita?

Semua yang anda boleh mencapai dan semua yang anda gagal untuk mencapai adalah hasil langsung daripada fikiran anda sendiri. Dalam fungsi dan alam semesta yang sempurna, di mana hilang keseimbangan akan mempunyai kesan negatif, tanggungjawab individu mesti mutlak. kelemahan dan kekuatan anda, kesucian dan kekotoran, adalah anda sendiri, dan bukan yang lain 's; mereka yang dibawa oleh diri sendiri, dan dan mereka hanya boleh diubah oleh diri Keadaannya juga sendiri, dan tidak orang lain. penderitaan dan kebahagiaan sedang berkembang dari dalam. Sebagaimana yang difikirkannya, jadi

dia; kerana dia terus berfikir, jadi dia kekal.
Seseorang yang kuat tidak boleh membantu yang lemah kecuali yang lemah bersedia untuk membantu, dan itupun orang yang lemah mesti menjadi kuat dirinya sendiri; dia mesti, dengan usaha sendiri, membangunkan kekuatan yang dia kagumi di negara lain. Melainkan dirinya Semua kita adalah diri yang mencukupi untuk meningkatkan diri kita sendiri.

Sudah biasa bagi orang-orang untuk berfikir dan berkata, "Ramai lelaki adalah hamba kerana satu adalah penindas;. Marilah kita membenci penindas" Sekarang, bagaimanapun, ada di antara st peningkatan beberapa kecenderungan untuk mengubah penghakiman ini, dan berkata, "Seorang lelaki adalah penindas kerana ramai adalah hamba;. Marilah kita menghina hamba"

Yang benar adalah bahawa penindas dan hamba-bersama pengusaha dalam kejahilan, dan, manakala pura-pura merendahkan antara satu sama lain, adalah dalam realiti yang melanda diri mereka sendiri. A Knowledge sempurna menganggap tindakan undang-undang dalam kelemahan yang ditindas dan kuasa disalahgunakan orang penganiaya; Cinta yang sempurna, melihat penderitaan, yang kedua-dua negeri memerlukan, mengutuk tidak; Compassion yang sempurna merangkumi kedua-dua penindas dan yang ditindas.

Beliau yang sudah menaklukkan kelemahan, dan telah meletakkan diri semua fikiran mementingkan diri sendiri, tergolong tidak kepada penindas dan tidak ditindas. Dia bebas.

Seorang lelaki hanya boleh meningkat, menakluk, dan mencapai dengan mengangkat fikirannya. Dia hanya boleh kekal lemah dan hina, dan sengsara dengan menolak untuk mengangkat fikirannya.

Sebelum seorang lelaki boleh mencapai apa-apa, walaupun dalam perkara-perkara duniawi, ia harus mengangkat fikirannya atas kepuasan haiwan hamba. Beliau mungkin tidak, untuk berjaya, melepaskan semua negatif dan mementingkan diri, dengan apa jua cara; tetapi sebahagian daripadanya mesti, sekurang-kurangnya, dikorbankan. Seorang lelaki yang pemikiran pertama adalah kelonggaran seperti binatang tidak boleh berfikir dengan jelas dan tidak merancang dengan teratur; dia tidak dapat mencari dan membangunkan sumber terpendam, dan akan gagal dalam apa-apa usaha. Tidak perlu dimulakan untuk manfully mengawal fikirannya, dia tidak berada dalam kedudukan untuk mengawal hal ehwal dan mengamalkan tanggungjawab yang serius. Beliau tidak layak untuk bertindak secara bebas dan berdiri sendiri. Tetapi dia hanya dihadkan oleh pemikiran, yang dia pilih.

pencapaian intelektual adalah hasil daripada pemikiran ditahbiskan untuk mencari ilmu, atau untuk yang indah dan benar dalam kehidupan dan alam semula jadi. pencapaian itu boleh kadang-kadang berkaitan dengan sia-sia dan cita-cita, tetapi mereka tidak adalah hasil daripada ciri-ciri tersebut; mereka adalah hasil perkembangan semula jadi daripada usaha yang panjang dan sukar, dan pemikiran tulen dan mementingkan diri sendiri.

pencapaian rohani penyempurnaan aspirasi suci. Sesiapa yang hidup sentiasa dalam konsep pemikiran yang mulia dan tinggi, yang berdiam di atas semua yang suci dan tidak mementingkan diri sendiri, akan, demi matahari mencapai kemuncaknya dan bulan penuh, menjadi bijaksana dan mulia dalam watak, dan naik ke dalam kedudukan pengaruh dan kebahagiaan.

Pencapaian, dalam pelbagai bentuk, adalah mahkota usaha, mahkota pemikiran. Dengan bantuan kawalan diri, resolusi, kesucian, kebenaran, dan yang diarahkan fikir lelaki yang menaiki; dengan bantuan negatif, kemalasan, kecemaran, rasuah, dan kekeliruan pemikiran seorang lelaki yang turun.

Seorang lelaki boleh meningkat kepada kejayaan yang tinggi di dunia, dan juga untuk ketinggian yang tinggi dalam alam rohani, dan sekali lagi turun ke dalam kelemahan dan keadaan yg dengan membenarkan pemikiran sombong, mementingkan diri sendiri, dan rasuah untuk mengambil milik dia.

Kemenangan yang dicapai oleh pemikiran kanan sahaja dapat dikekalkan dengan penelitian. Banyak memberi laluan apabila kejayaan adalah terjamin, dan cepat kembali ke dalam kegagalan.

Semua pencapaian, sama ada dalam perniagaan, intelektual, atau dunia rohani, adalah hasil daripada pemikiran pasti diarahkan, ditadbir oleh undang-undang yang sama dan kaedah yang sama; perbezaan hanya terletak pada objek pencapaian.

Orang yang memilih untuk dimasukkan ke dalam usaha yang minima boleh menjangkakan sama faedah yang lebih rendah. Mereka yang konsisten mengamalkan memperkasakan diri dengan keyakinan akan mengalami kenaikan dalam kebahagiaan, kesihatan, kejayaan ans segala kebaikan mereka mahu untuk.

Bab Enam

Pencapaian boleh dipecahkan dalam beberapa langkah. Apa yang mungkin kelihatan hebat dan seolah-olah mustahil menjadi agak mudah jika anda menggunakan langkah pelbagai methodologyto mencapai matlamat anda: Pertama sekali bermimpi tentang mereka dalam gembira, penyayang dan cara-cara penyayang. Dream matlamat menaikkan semangat yang bermakna kepada anda dan mungkin agak bermakna bagi orang lain juga .Dreams berasal dari alam dalaman minda dan ia adalah yang terbaik untuk menenangkan turun perbualan luaran dan gangguan, menenangkan fikiran anda dan kadang-kadang anda boleh melihat besar wawasan untuk hidup anda, tujuan yang besar yang mana anda dilahirkan. Ikutilah apa dengan kepercayaan yang anda dapat mencapai matlamat anda dan pada peringkat ini jangan biarkan fikiran rasional anda mengambil alih dengan cara mudah atau howdifficult matlamat anda seolah-olah menjadi, jadi menyimpan percuma mengalir, fleksibel. optimis. Langkah ketiga adalah untuk melihat mereka materializing dan percaya dengan semua hati anda bahawa matlamat anda mungkin sama seperti orang banyak sukan melihat diri mereka di dalam fikiran mereka 'mata memandu yang swing sempurna atau melengkapkan sukan mereka' rutin dengan kesempurnaan. Untuk berfikir sehingga beberapa contoh pencapaian matlamat yang tinggi, wawasan mental anda boleh terdiri daripada apa-apa seperti menerima hadiah Nobel dalam bidang kepakaran dan profesion anda, atau melaksanakan anda seperti selebriti super rock bintang di amphitheaters terbesar di dunia atau mengarahkan operasi dermawan anda di seluruh dunia dengan sumber-sumber tanpa had anda atau mungkin mengawal $ 50 bilion empayar perniagaan anda dengan operasi perniagaan yang memenuhi berjuta-juta orang di seluruh dunia. Atau memilih apa sahaja minat dan semangat anda mengarahkan anda ke.

The pemimpi adalah penyelamat di dunia. Ketika dunia yang boleh dilihat dialami oleh yang tidak dapat dilihat, begitu juga beberapa orang hidup terkenal melalui penglihatan-penglihatan hebat manakala orang lain pergi melalui kehidupan biasa dengan pemikiran yang terhad. Humanity telah menekankan pemimpi yang selama berabad-abad; ia tidak akan membiarkan cita-cita cita-cita mereka merana dan mati .Ia hidup di dalamnya, ia tahu mereka kerana mereka menyedari bahawa betapa tinggi matlamat mereka, bahawa mereka mampu dan satu hari nanti akan merealisasikannya. Jadi menggambarkan matlamat anda, jelas dalam fikiran anda, lihat diri anda mencapai matlamat anda, berkongsi matlamat ini dengan sekumpulan dengan orang. Perbuatan berkongsi dengan kumpulan yang sangat rapat memperkukuhkan komitmen anda dan bagaimana anda akan membawa semua sumber untuk membincangkan mengenai projek-projek anda. Tiga langkah terakhir merancang, bekerja pada mereka teliti dan yang penting menikmati pengalaman anda bersama-sama keseluruhan proses.

orang kreatif sebagai penyair, pengarang, komposer, pengukir, pelukis, penyair, nabi, bijaksana, antara lain adalah pembuat selepas-world-arkitek syurga. dunia ini diperkaya cantik kerana mereka telah hidup, kerana tanpa mereka, membanting tulang manusia akan menjadi membosankan, membosankan dan tidak kreatif.

Semua orang-orang yang menghargai tinggi, penglihatan-penglihatan yang indah, cita-cita tinggi dalam hati mereka, satu hari nanti akan menyedarinya. Benjamin Franklin memupuk hubungan antara kilat dan elektrik dan dengan itu mendapati ia; Wright bersaudara visioned mesin yang boleh terbang dan membuat pesawat pertama yang terbang dengan selamat. Buddha (pencerahan) yang diadakan wawasan dunia rohani menarik yang bersih dan keamanan yang sempurna, dan Ia telah masuk ke dalam keadaan pencerahan.

Hargai visi anda; menghargai cita-cita anda; menghargai muzik yang membangkitkan di dalam hati anda, keindahan yang terbentuk dalam fikiran anda, lperfection yang membentuk pemikiran murni anda, untuk keluar dari mereka akan berkembang semua keadaan indah, persekitaran benar-benar ilahi dan dunia yang penuh dengan cahaya dan kecantikan selama anda kekal setia kepada pemikiran yang murni.

Keinginan adalah untuk mendapatkan; untuk bercita-cita adalah untuk, mencapai.

Kitab Suci telah menyatakan ini dalam kerja-kerja menaikkan semangat: "Mintalah maka kamu akan menerima, untuk setiap orang yang meminta menerima Knock dan ia akan dibuka kepadamu carilah, maka kamu akan mendapat Tiada apa yang akan dinafikan kepada anda.."

(Kitab Suci). valuesof The kebaikan Roh telah jelas. Sama-sama ditakrifkan adalah ganjaran proaktif dalam kaedah yang ditentukan dalam bahagian sebelumnya langkah berurutan bermimpi, mempercayai, mengandung, merancang, bekerja dan menikmati proses. Siri menakjubkan batu loncatan untuk bukan sahaja besar dan mulia tetapi sama-sama relevan untuk kehidupan yang lebih baik di mana dan bagaimana kita mahu menghabiskan kehidupan kita.

Mahukah keinginan basest manusia menerima ukuran yang sepenuhnya suapan, dan cita-cita murni beliau kebuluran kerana kekurangan rezeki? Itu bukan Undang-undang: apa-apa keadaan perkara yang tidak boleh mendapatkan: ". Bertanya dan menerima"
Mimpi yang tinggi, dan seperti yang anda impikan, jadi anda akan menjadi. Wawasan Anda adalah janji apa yang harus satu hari; Ideal anda nubuatan apa yang harus di lepas mengumumkan.

Semua pencapaian besar pada mulanya dan untuk tempoh yang lama impian. oak tidur di Acorn; yang menunggu burung dalam telur; dan dalam penglihatan tertinggi jiwa malaikat bangun membangkitkan. Impian adalah benih realiti.

terhimpit dengan kemiskinan dan tenaga kerja; terhad masa yang panjang di bengkel yang tidak sihat; unschooled dan kekurangan semua seni perbaikan. Tetapi dia bermimpi perkara yang lebih baik; difikirkannya kecerdasan, perbaikan, rahmat dan kecantikan. Dia mengandung daripada, mental membina, keadaan ideal kehidupan; wawasan kebebasan yang lebih luas dan skop yang lebih besar mengambil milik dia; pergolakan menggesa beliau untuk tindakan, dan dia menggunakan semua masa lapang beliau dan bermakna, kecil walaupun mereka berada, kepada pembangunan kuasa terpendam dan sumber. Sangat tidak lama lagi supaya diubah telah fikirannya menjadi bahawa bengkel itu tidak lagi dapat memegang dia. Ia telah menjadi begitu daripada harmoni dengan mentaliti bahawa ia jatuh daripada hidupnya sebagai sehelai kain yang diketepikan, dan, dengan pertumbuhan peluang, yang patut skop kuasa yang berkembang, beliau dialirkan keluar dari selama-lamanya. Tahun kemudian kita lihat belia ini sebagai lelaki dewasa yang matang. Kita dapati dia tuan kuasa-kuasa tertentu fikiran, yang dia memakainya dengan pengaruh di seluruh dunia dan kuasa hampir tiada bandingnya. Di tangannya dia memegang tali tanggungjawab yang sangat besar; Ia berkata-kata, dan sesungguhnya, kehidupan berubah; lelaki dan wanita hang atas kata-katanya dan remold watak-watak mereka, dan, tidak seperti, dia menjadi pusingan pusat tetap dan bercahaya yang takdir terkira berputar. Beliau telah menyedari Vision mudanya. Beliau telah menjadi satu dengan Ideal beliau.

Dan anda juga, pembaca muda, akan merealisasikan Wawasan (bukan hasrat melahu) hati anda, sama ada asas atau indah, atau campuran kedua-duanya, kerana kamu akan sentiasa tertarik kepada yang mana anda, diam-diam, cinta yang paling. Ke dalam tangan anda akan diletakkan keputusan tepat fikiran anda sendiri; anda akan menerima apa yang kamu usahakan; tidak lebih, tidak kurang. Apa sahaja persekitaran semasa anda mungkin, anda akan jatuh, kekal, atau meningkat dengan fikiran anda, Visi anda, Ideal anda. Anda akan menjadi sekecil keinginan mengawal anda; sebagai besar sebagai aspirasi dominan anda: dalam kata-kata yang indah Stanton Kirk ham Davis, "Anda boleh menyimpan akaun, dan kini anda akan berjalan keluar dari pintu yang sekian lama telah seolah-olah anda halangan cita-cita anda, dan akan mendapat diri di hadapan penonton - pen masih di belakang telinga anda, kesan dakwat pada jari anda dan kemudian dan hendaklah mencurahkan torrent inspirasi anda anda mungkin memandu biri-biri, dan anda akan mengembara ke bandar-orang desa dan open-. melongo; akan mengembara di bawah bimbingan berani roh ke dalam studio tuan, dan selepas masa yang ia akan berkata: Aku apa-apa lagi untuk mengajar anda. Dan sekarang anda telah menjadi tuan, yang berbuat demikian baru-baru ini bermimpi perkara-perkara besar semasa memandu biri-biri. Anda akan gugurkan anak yang saw dan pesawat untuk mengambil ke atas diri anda pertumbuhan semula di dunia. "

The berfikir dahulu, mereka yang jahil dan malas, melihat hanya kesan jelas perkara dan tidak perkara-perkara yang diri mereka sendiri, bercakap nasib, nasib, o tidak tahu kegelapan dan sakit hati; mereka hanya melihat cahaya dan kegembiraan, dan memanggilnya "nasib". Mereka tidak melihat perjalanan yang panjang dan sukar, tetapi hanya memandang matlamat menyenangkan, dan memanggilnya "bernasib baik," tidak faham proses itu, tetapi hanya melihat keputusan, dan memanggilnya kebetulan.

Dalam semua hal ehwal manusia ada usaha, dan terdapat keputusan, dan kekuatan usaha itu adalah ukuran keputusan. adalah peluang tidak. Hadiah, kuasa, material, intelektual, dan harta benda rohani adalah hasil daripada usaha; mereka adalah pemikiran siap, objek dicapai, visi direalisasikan.

Wawasan yang anda memuliakan dalam fikiran anda, Ideal yang anda menobatkan dalam hati anda - ini anda akan membina hidup anda dengan, ini, anda akan menjadi.

Chapter Seven

Ketenangan fikiran, badan dan semangat adalah asas untuk pertumbuhan manusia, keharmonian dan kepuasan. Setelah berinteraksi dan maklumat dikongsi dengan ramai ahli-ahli sains, pendakwah, "hidup-jurulatih,: guru tarikan undang-undang-of-" dan guru peningkatan diri, prinsip-prinsip asas adalah konsisten dengan semua pakar yang pertama melalui usaha sedar kita, amalan dan tabiat, kita boleh mengaktifkan semula minda kita lebih tinggi dan yang kedua terdapat peluang yang cukup di mana-mana bagi kebanyakan orang untuk mengekalkan keadaan tenang fikiran mereka dan oleh itu bahawa proses mencapai fikiran tenang, badan, semangat keharmonian dapat dihubungi dan benar-benar berbaloi tanpa mengira keadaan individu dan keadaan. Ini adalah keputusan secara konsisten dan sabar mengamalkan kawalan diri dan resonses tenang untuk semua jenis perasaan dalaman dan rangsangan luar. ketenangan itu adalah tanda ofdaily, pengalaman tenang, dan pendedahan lanjutan kepada proses pemikiran dan jumlah minda, badan, semangat keharmonian. Satu cara yang amat mudah adalah untuk berhenti beberapa kali pada siang hari, menjadi sedar pernafasan kita, kemudian lari beberapa minit setiap kali dari apa yang sedang berlaku dan memberi tumpuan kepada mengambil panjang, nafas dalam-dalam dan bernafas keluar perlahan-lahan melalui mulut, dan dengan itu menikmati tergesa-gesa tenaga, keseimbangan dan tenang bagi mereka beberapa minit. Ulangi seperti dan apabila anda berasa neccesary. Di samping itu, cuba lagi rutin semakin jauh dari aktiviti harian dijadualkan akan menghargai ketenangan alam semula jadi, seperti dalam mudah untuk mencari tempat yang biasa objek sebagai bunga yang anda boleh mengakses patch berumput atau luas daripada luar dan kemudian mengambil dalam keindahan dan kesempurnaan alam semula jadi dengan semua deria dan selamat datang perasaan kebahagiaan, peremajaan dan kesegaran yang mengalir ke dalam anda daripada menjaga dekat dengan alam anda.

Orang dapat melihat dan pengalaman ketenangan dalam cara-cara lain seperti meditasi, berjalan, mengambil tidur sebentar, yoga atau senaman badan dan yang pernah cara yang anda pilih, anda akan mengalami pelbagai faedah untuk mendapatkan ke dalam lebih tenang, sihat, negeri yang lebih bahagia fikiran. Anda menjadi tenang ke tahap di mana anda memahami diri anda sebagai yang seimbang, terdiri manusia. pengetahuan Terutamanya kerana ilmu itu datang dengan pemahaman orang lain sebagai hasil pemikiran berpandu, dan seperti yang anda membangunkan pemahaman yang betul, dan melihat lebih banyak dan lebih jelas interaksi berterusan peristiwa oleh tindakan sebab dan kesan anda melepaskan kebimbangan, tekanan dan negatif dan sebaliknya terus bersedia, tenang dan seimbang Itulah keadaan harmoni antara badan, minda dan spirit- menyimpan bahawa tumpuan kepada ketenangan dan anda akan kekal di dalam keadaan yang ideal keharmonian dan kebahagiaan semula jadi berterusan.
Orang yang tenang, setelah mempelajari bagaimana untuk mentadbir sendiri / sendiri, tahu

bagaimana untuk menyesuaikan diri dengan orang lain; dan mereka, seterusnya, menghormati kekuatan rohani, dan merasakan bahawa mereka boleh bergantung kepada dan menghormati orang-orang seperti orang yang lebih santai yang menjadi, lebih besarlah kejayaan beliau, pengaruhnya, kuasa-Nya selama-lamanya. Walaupun pedagang biasa akan mencari peningkatan kemakmuran perniagaannya sebagai dia mengembangkan kawalan diri yang lebih besar dan ketenangan, bagi orang-orang akan sentiasa memilih untuk berurusan dengan seorang lelaki yang sikap adalah kuat yg hampir tdk berubah.

Yang kuat, orang yang tenang sentiasa disayangi dan dihormati. Mereka adalah seperti pokok teduhan yang memberikan pada rupa bumi yang kering atau berlindung batu dalam ribut. "Siapa yang tidak suka hati yang tenang,, kehidupan yang seimbang satu gula-marah? Ia tidak kira sama ada hujan atau bersinar, atau apa perubahan datang kepada mereka yang mempunyai berkat ini, kerana mereka sentiasa manis, tenang, dan tenang. Itulah indah sikap tenang watak, yang kita panggil ketenangan adalah pelajaran utama budaya, watak jiwa. Ia mempunyai nilai yang sangat tinggi kerana kebijaksanaan, lebih banyak yang diinginkan daripada berlian, bayangkan lebih daripada walaupun berlian halus. Bagaimana tidak bernilai tidak wang pengumpulan semata-mata kelihatan dalam perbandingan dengan penuh kebahagiaan, gaya hidup yang tenang --Yang kehidupan yang berdiam di dalam lautan damai, di bawah gelombang, di luar jangkauan taufan, dalam luas, tenang tidak dapat diukur!

"Berapa ramai orang yang kita tahu yang merosakkan kehidupan mereka, yang memusnahkan semua yang berharga dan indah dengan sikap ganas yang menafikan sikap tenang mereka watak, dan membuat darah yang tidak baik! Ia adalah persoalan sama ada majoriti besar orang tidak memusnahkan kehidupan mereka dan merosakkan kebahagiaan mereka dengan kurang kawalan diri Ia;. s sentiasa menarik untuk berjumpa dengan orang yang bersedia, harmoni, yang mempunyai yang seri indah yang mencerminkan keperibadian baik -rounded!

Jika anda ingin membuat perubahan dalam hidup anda, anda perlu melihat kepada sebab-sebab, dan sebab-sebab hampir selalu cara yang anda gunakan fikiran anda - cara anda berfikir. Anda tidak boleh berfikir fikiran kedua-dua negatif dan positif pada masa yang sama. Satu atau yang lain akan menguasai. Minda adalah hamba tabiat, jadi ia menjadi tanggungjawab setiap individu untuk memastikan bahawa emosi dan pemikiran positif menyertai pengaruh mendominasi dalam fikiran mereka.

Dalam usaha untuk mengubah keadaan luaran, anda perlu menukar dalaman. Kebanyakan orang meninggalkan langkah ini. Mereka cuba untuk mengubah keadaan luaran dengan bekerja secara langsung pada syarat-syarat itu. Ini sentiasa membuktikan sia-sia, atau sekurang-terbaik sementara, melainkan jika ia disertai dengan perubahan pemikiran dan kepercayaan.

Menyedarkan kepada kebenaran ini, cara untuk lebih baik, kehidupan yang lebih berjaya menjadi jernih. Melatih minda sedar anda untuk berfikir fikiran kejayaan, kebahagiaan, kesihatan, kemakmuran, dan untuk mengelakkan negatif seperti takut dan bimbang. Mengekalkan minda sedar anda sibuk dengan jangkaan yang terbaik, dan memastikan pemikiran anda lazimnya berfikir adalah berdasarkan kepada apa yang anda mahu lihat berlaku dalam hidup anda.

Air mengambil bentuk apa sahaja bekas memegangnya, sama ada dalam kaca, pasu atau tebing sungai. Begitu juga, fikiran anda akan membuat dan yang nyata mengikut imej yang anda lazimnya berfikir tentang pemikiran harian anda. Ini adalah bagaimana nasib anda dicipta. Sebuah kehidupan yang baru dicipta oleh pemikiran baru.

Banyak yang boleh kita bersyukur kerana di sini pada peluang yang tidak terhad untuk berkongsi kasih, pengetahuan dan kefahaman yang kami terima, dengan anda. Bersama-sama kita boleh membuat impak yang positif kepada seluruh dunia.

Apabila kita tahu diri kita, kita tahu bahawa segala sesuatu yang ada adalah cinta menyatakan bijak melalui tenaga. Kami adalah itu dan begitu juga semua orang dan segala-galanya. Pengasingan hanya dalam bentuk. Kami melihat tenaga dimanifestasikan dalam bentuk yang berbeza. Bentuk-bentuk yang dicipta oleh pemikiran. Kami percaya bahawa kita adalah berasingan kerana kita tidak mengetahui tentang keutuhan kami.

Semua kesedaran ini dan pengalaman adalah yang ada pada kita melalui pembangunan kebolehan otak kanan kita. Apabila kita mula bekerja dengan satu proses untuk melepaskan tekanan dan mengukuhkan atau memperbaiki sistem saraf kita, kita mula mencari siapa kita pada tahap yang lebih mendalam dan tidak lama lagi mula tahu keutuhan yang termasuk kita semua dan segala-galanya yang wujud. Apabila ini berlaku kita mula memahami bahawa semua aspek kehidupan adalah dikawal oleh undang-undang alam atau prinsip hidup, dan kita mula melihat apa prinsip-prinsip ini, dan bagaimana mereka bekerja. Pada ketika ini kita bergerak ke tahap yang lebih maju berfungsi, dan mendapati bahawa kita mempunyai kuasa kanan dalam diri kita untuk membuat apa sahaja yang kita pilih.

Bab Lapan

Memandangkan sini ialah kaedah untuk memperkasakan diri sendiri. Ini adalah cara untuk penambahbaikan dari mana anda berada masih lebih tinggi, negara lebih bahagia hidup dipenuhi Gunakan teknik mudah untuk mengaktifkan fikiran anda ke tahap yang lebih tinggi kesedaran:

a. Percayalah Alam Semesta. Pertama sekali, ingatkan diri anda ofand sendiri ingin menerima tenaga yang lebih tinggi dan kebaikan yang lebih besar alam semesta. Kita semua benar-benar makhluk rohani hidup dalam bentuk manusia dan dengan mempercayai alam semesta kita mengingatkan diri kita bahawa kita adalah selamat, selamat dan baik dan kepercayaan bahawa alam semesta akan berikan adalah jaminan bahawa kami berada di sini untuk terus matlamat seumur hidup tertentu. Kami mempunyai akses kepada semua sumber alam semula jadi dan kami adalah lengkap dalam everyway.Life yang dimaksudkan untuk baik hidup dan iman intrinsik, keyakinan dan usaha kami membuatnya begitu.

b. Lepaskan negatif: menghayati dan mengulangi kenyataan ini secara berkala sepanjang hari: ". Saya bersedia untuk melepaskan semua corak negatif dalam kesedaran saya dengan dibungkus dengan kasih sayang dan membiarkan mereka terapung jauh, jauh, jauh ke dalam ketiadaan saya terus positiv dan" Saya memancarkan segala kebaikan pada setiap masa "

c. Maafkan proses pengampunan meliputi melepaskan masa lalu dan akan datang ke masa kini. Pengampun juga berdamai dengan diri kita, ia adalah melepaskan semua corak negatif cedera dan pertimbangan yang kami telah diadakan ke. dan yang berada di berdamai dengan dunia. Tetapkan diri anda menjadi tenang, tenang dan disegerakkan dengan kuat, tenaga positif.

Untuk ini cuba amalan mudah untuk mengulangi regulary: "Saya memaafkan diri saya sendiri dan semua orang untuk segala-galanya dalam semua dimensi masa dan ruang". Semua orang lain juga memaafkan saya untuk segala-galanya dalam setiap masa dan ruang. Saya sedang dikeluarkan, percuma dan dalam ketenangan. kewujudan saya aman "Rasa diri santai, kuasa dan semula bertenaga.

d

Kita semua biasanya terlibat dengan aktiviti rutin individu kami di rumah, di tempat kerja, dengan hobi dan aktiviti riadah yang kita lupa tujuan utama kami iaitu peneraju dipenuhi hidup .Ini adalah bernilai membetulkan. Fikirkan tentang keutamaan anda, tetapkan hem dengan jelas dan menumpukan kepada niat anda.

Mulakan dengan menyatakan ikrar untuk kegunaan harian Beberapa kali setiap hari, berfikir tentang ikrar niat positif: Keluarga saya dan saya menerima banyak kesihatan, kebahagiaan, kejayaan dan semua perkara yang baik dalam kehidupan sekarang dan untuk setiap masa.

e. pernafasan yang betul

Pernafasan adalah tenaga kehidupan kami. . Rhythemic, dikawal, bernafas dalam harfiah bergerak tenaga kehidupan di seluruh badan kita vitalizing setiap sel dan sistem dalam diri kita. Dengan mendapat kesedaran nafas kita dan belajar untuk mengawalnya, kita boleh mengawal keadaan fizikal, mental dan rohani kita. Jeda dan mengesan pergerakan dan corak nafas. Menyedari kegunaan pernafasan dikawal untuk kami keseluruhan kesejahteraan. Apabila kehidupan terasa tertekan dan kami berasa di luar kawalan, kita boleh menenangkan nafas kita. Perlahan ke bawah dan mendalamkan ia. Beberapa kali sehari, mengambil cuti untuk beberapa minit untuk menyeronokkan, pernafasan dikawal dengan mengambil nafas dalam-dalam melalui hidung, memegang selama satu minit dan bernafas melalui mulut.

e. Ingat dan kekal di atas pencapaian anda

Melatih minda anda untuk mencari yang positif dengan menyenaraikan pencapaian anda strengths.Write downpersonal, pencapaian keluarga, mereka yang berada di masyarakat workorin, matlamat yang anda telah dipenuhi, perkara yang anda telah lakukan dengan baik, dan tempat-tempat yang anda telah lawati.

Terlalu sering kita menghabiskan masa berfikir tentang apa yang tidak betul dalam kehidupan kita bukannya memberi tumpuan kepada apa yang betul.

Jadi beralih kepada perkara yang positif, perkara-perkara yang telah anda lakukan dengan baik andall pengalaman yang baik anda sehingga kini. Ingat undang-undang keemasan: apa yang anda memberi tumpuan kepada mengembang, jadi membawa fikiran anda kembali kepada perkara-perkara yang baik dalam kehidupan.

Ia bernilai repition yang anda memberi tumpuan, fokus, tumpuan hanya pada perkara yang anda fikir anda telah dilakukan dengan betul, memikirkan semua positif untuk siapa anda dan semua yang anda ada. Hanya perlu pergi dengan hanya semua apa yang betul dan anda akan kagum dengan jumlah besar betul hak-hak yang boleh anda fikirkan.

f.Live pada masa kini. Setelah tinggal pada

semua perkara yang betul yang telah lalu, menyedari bahawa anda berada di sini dan segala-galanya adalah apa yang berlaku ketika ini. Lebih penting lagi ourtomorrows yang dicipta oleh fikiran kita pada masa ini, di sini dan sekarang- Jadi ia adalah fokus utama pada masa kita sekarang, bersyukur dengan segala kelimpahan yang kita ada dan yang kita disayangi, dicintai dan mencintai kerana kita wujud. Ia adalah satu detik gemilang dan masa depan kita dengan wajah yang berseri dipenuhi Masa terbaik untuk berusaha ke arah apa yang kita mahu adalah apabila pemikiran yang segar dalam fikiran kita dan motivasi yang kuat bagi kita untuk bergerak ke hadapan. Tinggal di sekarang. , Begitu juga hari ini. Lakukan sekarang. "Dengan mengesahkan di sini dan sekarang bahawa semua adalah baik dan agar sempurna, anda sedang mencipta bahawa rasa sangat kesempurnaan dari apa yang anda mengesahkan untuk menikmati lebih baik, hidup dipenuhi. Mengulangi ikrar positif dalam ketenangan di fikiran anda atau dengan kuat adalah resipi benar-benar kuat untuk minda, badan, memenuhi semangat.

Malah aort „. berjaya "panggilan" untuk realiti manifestasi melibatkan (sekurang-kurangnya) dua unsur:

1. Kenyataan yang jelas kepercayaan atau niat, ken atau dipegang dengan cara yang positif .... diikuti serta merta oleh

2. pembebasan lengkap keputusan ke tangan Sumber.

Seseorang yang tidak nyata dunia masing-masing daripada apa-apa sama ada, kamu masing-masing membentuk realiti peribadi anda dari * segala-galanya, * yang wujud di sekeliling anda. Dalam usaha untuk membuat sesuatu yang fizikal, anda hanya memberi tumpuan ke atasnya ..... (yang melambatkan getaran cukup untuk itu untuk menguatkan), dan kemudian anda memasang tudung persepsi sekelilingnya, untuk menyekat kesedaran Mouthe segala-galanya yang ada. Ini adalah   bersamaan   persepsi   anda   sendiri meletakkan penutup mata pada kuda.

Seperti yang anda memulakan proses anda memberi tumpuan, anda mesti jelas menyedari betapa elemen kreatif fikiran anda berfungsi. T dia penjelasan kita akan membuat untuk anda sekarang adalah satu yang linear, kerana anda kini beroperasi dalam asas realiti linear. Sila sedar bahawa anda mempunyai kuasa untuk menukar susunan atau kaedah-kaedah proses ini pada bila-bila masa.

kenyataan afirmatif anda, terutamanya apabila disertai dengan keinginan benar dan semangat, sama seperti Allah memberikan anda semua yang anda pernah boleh harapkan. Seperti yang telah mengalami, diuji dan dikaji. Kepercayaan anda menjadi kenyataan dan tidak ada diffrention antara apa yang sebenar dan apa yang penglihatan sedikit masa lalu "Divinitydoes ini melalui akuan anda sendiri apa yang ada, bukan melalui pengisytiharan * apa yang tidak .

Oleh itu, apabila seseorang menyatakan,

dalam dirinya: Saya tidak mahu merokok "saya tidak akan marah hari ini," e manifesting kreatif Mind mendengar (dan bertindak balas kepada) versi afirmatif mereka kenyataan. Apa yang ia mendengar ialah: "Saya mahu merokok" dan "saya akan marah hari ini."

Anda perlu sedar bahawa realiti fizikal dicipta daripada tumpuan. f anda sentiasa memberi tumpuan kepada apa yang anda * tidak mahu, "dan bukan kepada apa yang anda * tidak mahu, kuasa manifestasi anda akan cenderung katil mengikuti tumpuan itu. Pusat kuasa dalam Call nyata terletak di antara subjek dan dikehendaki (atau diisytiharkan) tindakan atau keputusan ia memberi perintah disusun dan diutamakan dalam pencetak anda, mengikut e faktor-faktor berikut.:

"Tahap" diri yang membuat arahan (nnore yang berkembang aspek anda mendapat pengaruh yang paling apabila ia datang untuk membuat pesanan sehingga manifestasi anda)

2. keinginan, kekuatan, dan kejelasan belakang perisytiharan itu.

e perintah 3.th daripada commacresentation

mekanisme kreatif.

Jelas membuat kenyataan keinginan dan niat meninggalkan kesan medan tenaga dalam "realiti gelembung" kewujudan seseorang. Ia mendaftar, sama ada orang itu sedar atau tidak. arahan mendapat diperkenalkan. Selagi sebagai "membatalkan perintah" tidak dihantar selepas itu, mekanisme kreatif (enjin carian dalaman) akan mula mengumpul keputusan dan alternatif untuk memenuhi ommand itu.

Untuk membuat pesanan, dan kemudian bimbang tentang hal itu, mewujudkan sikap keraguan dalam keupayaan kreatif anda. Ia seperti duduk makan dengan 20 orang menonton santapan setiap anda. Selepas seketika, anda mula untuk mendapatkan ketulan di tekak anda.

Beriman dan mengharapkan yang terbaik dan Alam Semesta akan menjadi kenyataan matlamat anda, impian dan keinginan (dari Kitab Suci)
Optimis, Harapan dan Iman boleh nyata mukjizat (diterjemahkan dari Veda)
Dari seawal Kitab Suci dan Veda kajian baru-baru ini di institusi di seluruh dunia, penemuan bahagian dan tulisan-tulisan mengesahkan kebenaran sejagat kekal pernah tetap "pemikiran anda membentuk dunia anda dan keyakinan yang paling penting untuk kebahagiaan. Selain itu, keyakinan adalah kemahiran yang terbaik dan tabiat semua orang yang berjaya. Pemikiran kuasa adalah kunci untuk mewujudkan realiti anda. Fikiran anda sepenuhnya mencipta kehidupan anda dan experiences.- anda bukan hanya sebahagiannya tetapi tepat dan sepenuhnya. Hidup anda adalah apa yang anda buat itu dengan fikiran anda.

Semua yang anda melihat dalam dunia fizikal mempunyai asalnya dalam dunia yang tidak kelihatan, dalaman pemikiran dan kepercayaan anda. Untuk menjadi tuan nasib anda, anda mesti belajar untuk mengawal sifat dominan, pemikiran yang lazim anda. Dengan berbuat demikian, anda akan dapat untuk menarik ke dalam hidup anda semua apa yang anda bercadang untuk mempunyai dan pengalaman. Kuasa pemikiran positif boleh membantu anda untuk mencapai apa-apa sebaik sahaja anda datang untuk menerima kebenaran bahawa fikiran anda mencipta reality.- anda sekarang dan untuk setiap masa. Anda sepenuhnya pencipta realiti anda sendiri, setiap masa dan dalam semua keadaan Kamu sendiri membentuk kehidupan anda dengan fikiran, perasaan dan kepercayaan. Pada pandangan pertama di atas mungkin kelihatan tidak relevan, tidak berasas atau tidak masuk akal kerana anda serta-merta boleh menunjukkan peristiwa-peristiwa yang seolah-olah menjadi di luar kawalan anda: keadaan kelahiran anda, beberapa penyakit, beberapa kemalangan, penindas anda, dan bahawa gempa bumi atau ribut yang mengorbankan begitu banyak. Dan sudah tentu jika anda adalah untuk mengira hanya pemikiran sedar pada masa sekarang atau baru-baru ini kami, maka kebenaran pertama pada mulanya mungkin kelihatan tidak rasional. Tidak ada yang berkata kepada diri mereka sendiri, "Saya rasa sudah tiba masanya saya tidak perlu lagi menganiaya, dirompak atau ditipu."

Jadi biarlah saya menentukan kebenaran universal ini dengan lebih tepat. Pada kebanyakannya bawah sedar tahap-bermula sebelum kelahiran dan kemudian didorong oleh paradigma terkumpul pemikiran, perasaan dan kepercayaan yang pernah bawah sedar -Anda menciptakan mereka semua: setiap peristiwa, terperinci dan nuansa kehidupan anda.

Menyedari bahawa anda adalah sebahagian daripada kesedaran yang besar. Anda di serpihan alam semesta dan anda lupa keutuhan anda bahawa pengembaraan mental anda boleh menjadi nyata. Hari anda tinggal kebenaran ini dan mengambil kawalan sedar pemikiran anda adalah hari yang anda mengisytiharkan kebebasan anda dan mula penguasaan anda hidup.

Yang benar di atas adalah pelengkap kepada undang-undang sains kontemporari dan metafizik saintis .Modern, cuba untuk blok bangunan asas alam semesta telah menemui undang-undang lain. Berikut adalah satu: kedua-dua kewujudan dan perilaku zarah subatom bergantung kepada apa yang sedang berlaku dalam fikiran ahli sains ". Ya, anda membaca yang betul. Ia bukan salah

cetak dan ia bukan sains pinggir; ia telah ditiru banyak kali. Implikasi yang menakjubkan. Sebagai salah satu penyelidik sains meletakkannya, "Ahli fizik hari ini telah menemui sempadan belum diterokai."
sains tradisional menganggap bahawa kesedaran timbul daripada objek fizikal. Metafizik menyatakan bahawa sebaliknya adalah benar juga, yang guru Asia Hindu telah diketahui selama lebih daripada 3,000 tahun. Dan Buddha meletakkan cara ini: "Apa yang kita adalah hasil daripada apa yang kita sangka. Minda adalah segala-galanya. Apa yang kita fikir apa yang kita dan kita menjadi. "
"Bayangkan sekumpulan kuda, meragut di padang, beberapa dalam cahaya matahari, tetapi yang paling dalam bayang-bayang hutan yang berhampiran. Mari kumpulan itu mewakili pemikiran terkumpul, perasaan dan, di atas semua, kepercayaan anda, yang mempunyai kuasa ke atas hidup anda daripada ribut taufan. Anda dibangkitkan setiap kuda, memberi makan mereka Pemikiran dalam stabil fikiran anda, tidak mengetahui apa yang makhluk yang kuat mereka akan menjadi selepas mereka tergelincir senyap-senyap ke bayang-bayang. Dan yang paling kuat dari semua sepenuhnya tersembunyi di

kedalaman-anda kepercayaan tidak kelihatan. "

Anda mungkin bertanya, bagaimana kepercayaan yang boleh menjadi tidak kelihatan? Sesungguhnya jika ia adalah kepercayaan, mesti anda tidak menyedarinya?

Tetapi itu hanya benar kepercayaan paling lemah anda. Jika anda berfikir bahawa, kemudian, ya, anda sedar yang kepercayaan yang berkuasa rendah. Jika anda percaya bahawa maka anda? Semula menyedari kepercayaan yang lebih kuat untuk mengarahkan pilihan anda. Walau bagaimanapun, jika anda tahu itu, anda melihatnya sebagai kebenaran dan gagal untuk mengiktiraf kepercayaan kuat yang membentuk hidup anda. Jika anda tahu bahawa makan haiwan menanggung hutang karma, anda mengelakkan penjual daging. Jika anda tahu bahawa remaja adalah masalah, anda membuat masalah keibubapaan. Jika anda tahu anda akan kehilangan fakulti anda seperti yang anda semakin tua, ia adalah, tidak umur mengetahui, yang merosakkan anda.

Dan yang paling kuat dari semua kepercayaan anda adalah yang paling mudah: andaian-kepercayaan. Itulah kepastian yang begitu dalam ia seolah-olah tidak masuk akal untuk mempersoalkannya. Berjuta-juta orang terikat dengan andaian-kepercayaan yang menjadikan kehidupan mereka kesengsaraan. Namun semua kepercayaan bermula dengan pengumpulan pemikiran anda. Ramai daripada mereka Pemikiran bermula sebelum lahir anda, mewujudkan lebuh raya dalam hidup anda. rehat mereka yang menentukan lorong anda melakukan perjalanan kerana lebuh raya adalah pemikiran yang anda memegang atau pernah memegang dalam hidup ini.

Ya, walaupun kesihatan fizikal anda disebabkan oleh pengumpulan anda kepercayaan bawah sedar. Yang boleh menjadi sangat sukar untuk menerima-kerana ia menunjukkan bahawa jika anda menangkap, berkata, leukemia, ia adalah kesalahan anda! Tetapi perkataan itu tiada kesalahan, ia adalah sebab. Tidaklah atau pertimbangan wajar kerana kepercayaan yang paling kuat anda berkembang dalam bayang-bayang dan fikiran anda biasanya tidak mempunyai idea kuasa sendiri mujarab.

Anda mungkin bertanya apa pemikiran tertentu, perasaan atau kepercayaan boleh menyebabkan illness.?That;s tertentu seperti bertanya jika mandi hujan dari yang gelap, langit mendung datang dari satu awan. Sebaliknya yang logik untuk menganggap bahawa pemikiran berterusan l menjadi lemah dan menjadi mangsa diburukkan lagi oleh emosi ditindas seperti marah, kebencian dan takut tidak dapat tidak akan meluahkan perasaan dalam badan anda. Sebagai kesimpulan, penyakit atau halangan itu juga adalah ciptaan anda.

Anda menjadi apa yang anda fikirkan kebanyakan apa yang anda rasa mengikuti anda, apa yang anda percaya membina di sekeliling anda.

Jika mungkin anda tertanya-tanya: jika kita mendapatkan apa yang kita memberi tumpuan kepada, mengapa kita mendapat begitu banyak daripada apa yang kita tidak mahu? Thats kerana kita sering memberi tumpuan paling ghairah kepada apa yang kita tidak mahu, dan alam semesta peribadi kita sentiasa memberikan nafsu yang paling berharga. Yang begitu penting untuk difahami. Sentiasa? Ya ?. Jadi, jika anda ingin untuk satu juta dolar tetapi kesedihan pada kemiskinan, yang daripada kedua-dua nafsu akan nyata? Berikut adalah tahap yang paling menyakitkan yang merosakkan ciptaan-kepercayaan. Bahawa anda tidak pencipta hidup anda, tetapi mangsa keadaan.? Anda menyalahkan keadaan anda pada sesuatu yang lain daripada diri sendiri: Allah, bintang-bintang, nasib, kelahiran, ibu bapa, kekasih, kerajaan, kemalangan, penyakit, polis. Anda tidak pernah berdiri peluang. Anda sememangnya tidak bernilai. Anda adalah mangsa dan kehidupan adalah azab yang. Adakah itu anda?

Jika tidak, cuba tahap yang seterusnya, lebih berkembang: anda kadang-kadang pencipta hidup anda. Anda boleh mempengaruhi beberapa peristiwa, tetapi kebanyakannya, kuasa-kuasa luar adalah terlalu kuat untuk melawan. Anda menyalahkan kebanyakan keadaan anda pada sesuatu yang lain daripada diri sendiri. Anda mengambil tanggungjawab atas apa yang berlaku kepada anda. Anda mempunyai beberapa bernilai, beberapa yang berpotensi. Hidup adalah perjuangan dengan beberapa penekanan. Adakah itu anda?

Berikut adalah peringkat seterusnya: anda kebanyakannya pencipta hidup anda. Anda boleh mempengaruhi kebanyakan acara, walaupun kadang-kadang kuasa-kuasa luar yang terlalu besar. Anda bertanggungjawab untuk sebahagian besar tindakan anda. Anda menghabiskan sedikit masa menyalahkan orang lain untuk acara-acara yang menyakitkan. Anda adalah orang yang setimpal dengan kesalahan. Anda mempunyai banyak potensi. Kehidupan adalah satu cabaran yang menarik dan sering menyeronokkan. Adakah itu anda?

Jika tidak, maka cuba yang satu ini. Tahap tuan creation- kepercayaan adalah bahawa anda adalah sepenuhnya pencipta hidup anda. Anda adalah sebahagian daripada bidang yang besar kesedaran bahawa- makhluk yang mempunyai banyak pengembaraan dan banyak muka, termasuk anda. Anda tidak melihat watak bumi anda seperti anda, tetapi kerja anda seni. setiap pemikiran, sikap dan tindakan anda adalah pilihan anda. Anda bertanggungjawab sepenuhnya, bukan sahaja untuk ciptaan anda tetapi untuk maklum balas anda untuk ciptaan anda. Anda tidak pernah menyalahkan atau hakim lain untuk pengalaman anda. bernilai yang wujud dan potensi yang luas. Hidup ini, kadang-kadang mengejutkan, kadang-kadang menyakitkan, pengembaraan lagi meriah menarik.

Adakah itu anda? Adakah anda melihat corak yang besar di sini? Apa jua tahap penciptaan-kepercayaan anda memegang anda akan mewujudkan keadaan yang muncul untuk membuktikan anda betul. Apa yang anda percaya akan nyata di sekeliling anda.

Itulah daya maju kebenaran universal yang pertama. Beriman dan memeluk kebahagiaan, kesihatan, kasih sayang, keamanan, keharmonian, kegembiraan, kepuasan, cinta diri dan harga diri dan mengalami semua ini dengan banyaknya setiap saat kehidupan anda. Saya pernah diberitahu oleh ibu saya, yang ramai kanak-kanak dapat mendengar: tidak berkelakuan seolah-olah keseluruhan, alam semesta yang luas berkisar saya ". Malah, ia tidak. Atau sebaliknya, alam semesta saya tidak. Dan begitu juga anda. Betul-betul. Sebagai kuantum fizik mula menemui, terdapat nombor terhingga alam semesta. kesedaran anda s berputar di sekeliling anda, membuat semua yang anda tahu dan pengalaman serta trilion sel ditambah dalam badan dan minda anda. Anda di rama-rama dalam gelembung pembuatan anda. gelembung anda bertindih dengan buih orang lain. Tiap-tiap arahan ketua anda dalam iaitu badan, minda dan semangat, anda membuat dan setiap peristiwa dan terperinci daripada pengalaman anda.

Sepuluh perkara yang paling indah di dunia tidak boleh dilihat atau disentuh, kerana tiada seorang pun daripada mereka adalah perkara-perkara luaran. Kita dilahirkan dengan mereka dan mereka wujud dalam diri kita. Merasakan mereka melalui deria dalaman anda dan dengan hati anda. The Best dan yang paling cantik adalah: Keyakinan, Kebahagiaan, Hope, Peace, Iman, Syukur, Cinta, Kasih sayang,, Keamanan dan Harmony .... Mencapai dalam, memanfaatkan sumber yang anda dan memberi kuasa kepada kehidupan anda.

mana-mana kuasa luar semata-mata; pemikiran jenayah telah lama rahsia dipupuk di dalam hati, dan jam peluang mendedahkan kuasanya berkumpul. Keadaan tidak membuat lelaki itu; mereka menyatakan hal itu kepada dirinya sendiri Tiada syarat itu boleh wujud sebagai turun ke dalam maksiat dan penderitaan atendan selain dari kecenderungan ganas, atau naik ke kebaikan dan kebahagiaan tulen tanpa penanaman berterusan aspirasi mulia; dan manusia, oleh itu, sebagai tuan dan menguasai pemikiran, adalah pembuat dirinya dan pengarang alam sekitar. Walaupun ketika lahir jiwa datang kepada sendiri dan melalui setiap langkah haji buatan tangan manusia ia menarik orang-orang kombinasi keadaan yang mendedahkan dirinya, yang merupakan pantulan kesucian sendiri dan, kecemaran, kekuatan dan kelemahan.

orang tidak menarik apa yang mereka mahu, tetapi apa yang mereka berada. hawa nafsu mereka, hawa nafsu, dan cita-cita digagalkan pada setiap langkah, tetapi pemikiran terdalam dan keinginan mereka diberi makan dengan makanan mereka sendiri, sama ada kotor atau bersih. The "ketuhanan yang membentuk matlamat kita" adalah dalam diri kita; sangat diri kita. Pendek kata, anda boleh membelenggu diri anda atau menetapkan diri percuma: pemikiran dan tindakan adalah algojo Takdir - mereka memenjarakan, yang asas; mereka juga malaikat Freedom - mereka membebaskan, yang mulia. Bukan apa yang dia mahu dan berdoa untuk seorang lelaki yang tidak dapat, tetapi apa yang dia adil dikerjakannya. hasrat dan solat hanya berpuas hati dan menjawab apabila mereka menyelaraskan dengan pemikiran dan tindakannya.

Dalam cahaya kebenaran ini, apa, maka, yang dimaksudkan dengan "menentang keadaan?" Ini bermakna bahawa seorang lelaki yang terus memberontak terhadap kesan tanpa, manakala semua masa dia adalah berkhasiat dan memelihara puncanya di dalam hatinya. sebab yang boleh mengambil bentuk seorang naib sedar atau kelemahan yang tidak sedarkan diri; tetapi apa pun, ia berdegil melambatkan usaha pemiliknya, dan dengan itu berseru nyaring untuk ubat.

People, secara umum, bersedia untuk memperbaiki kehidupan mereka, namun tidak bersedia untuk mengubah diri mereka kepada yang lebih baik; oleh itu mereka kekal terperangkap dalam alur mereka dan dalam status quo mereka .. Mereka yang terbuka untuk meletakkan dalam usaha biasanya ganjaran dengan mendapatkan apa yang mereka mahu untuk. Matlamat boleh berbeza-beza dari piawaian purata kesihatan, kekayaan dan kebahagiaan yang tertinggi dan keinginan Maha Tinggi. Sama ada orang terutamanya pilih pengumpulan harta atau gabungan status jutawan bersama-sama dengan status politik di seluruh dunia dan pengiktirafan global, terdapat pemikiran pintar dan banyak usaha untuk diletakkan di sepanjang jalan.

ch seorang lelaki yang tidak memahami asas-asas mudah daripada prinsip-prinsip yang menjadi asas kemakmuran benar, dan tidak hanya sekali unfitted untuk keluar dari keadaan yg menyedihkan, tetapi sebenarnya menarik kepada dirinya sendiri keadaan yg masih lebih mendalam dengan merenung dalam, dan bertindak keluar , malas, menipu, dan pengecut pemikiran.

Berikut adalah seorang lelaki kaya yang menjadi mangsa penyakit yang menyakitkan dan berterusan akibat kerakusan. Dia bersedia untuk memberi sejumlah besar wang untuk menghilangkan ia, tetapi dia tidak akan mengorbankan keinginan rakus beliau. Dia mahu untuk memuaskan rasa beliau untuk bahan makanan kaya dan luar biasa dan mempunyai kesihatannya juga. Seperti seorang lelaki adalah sama sekali tidak layak untuk mempunyai kesihatan, sebab ia tidak lagi belajar asas-asas pokok

Saya telah memperkenalkan ketiga-tiga kes semata-mata sebagai ilustrasi kebenaran bahawa manusia adalah orang yg menyebabkan sesuatu (walaupun selalunya adalah tidak sedar) keadaan, dan bahawa, sementara yang bertujuan untuk akhir yang baik, dia terus mengecewakan pencapaian dengan menggalakkan pemikiran dan keinginan yang tidak mungkin dapat menyelaraskan dengan tujuan itu. Kes seperti ini boleh bertambah banyak dan diubah hampir selama-lamanya, tetapi ini tidak perlu, kerana pembaca boleh, jika dia membuat ketetapan sedemikian, mengesan tindakan undang-undang pemikiran dalam minda dan kehidupan sendiri, dan sehingga ini dilakukan, fakta luaran semata-mata tidak boleh berfungsi sebagai alasan penaakulan.

Keadaan, bagaimanapun, rumit demikian, pemikiran begitu berakar umbi, dan syarat-syarat kebahagiaan berbeza begitu, jauh dengan individu, bahawa seluruh jiwa-keadaan manusia (walaupun ia boleh dikenali kepada dirinya sendiri) tidak boleh dinilai oleh yang lain dari luar aspek kehidupan beliau semata-mata. Seorang lelaki boleh menjadi jujur dalam arah yang tertentu, namun mengalami privations; seorang lelaki boleh menjadi tidak jujur dalam arah yang tertentu, namun memperoleh kekayaan; tetapi kesimpulan biasanya terbentuk bahawa lelaki itu seseorang gagal kerana kejujuran tertentu, dan bahawa Sejahtera lain kerana kecurangan tertentu beliau, adalah hasil daripada suatu penghakiman cetek, yang menganggap bahawa lelaki yang tidak jujur adalah hampir sama sekali rasuah, dan lelaki yang jujur hampir keseluruhannya mulia. Dengan mengambil kira pengetahuan dan pengalaman yang lebih luas lebih dalam penghakiman itu didapati salah. Orang yang tidak jujur mungkin mempunyai beberapa sifat yang terpuji, yang lain tidak, tidak mempunyai; dan jujur lelaki maksiat menjijikkan yang tidak hadir dalam lain. Orang jujur menuai hasil yang baik pemikiran jujur dan bertindak; beliau juga membawa atas dirinya penderitaan, yang menghasilkan maksiat. Orang yang tidak jujur juga banyak mendapat penderitaan dan kebahagiaan sendiri.

Ia berkenan kepada sia-sia manusia untuk mempercayai bahawa ia menderita kerana kebaikan seseorang; tetapi tidak sehingga seorang lelaki telah betul menghapuskan setiap pemikiran uzur, pahit, dan suci dari fikirannya, dan dibasuh setiap noda dosa dari dirinya, dia boleh berada di tempat yang mengetahui dan mengaku bahawa penderitaan-Nya adalah hasil daripada yang baik, dan tidak sifat-sifat yang tidak baik; dan dalam perjalanan ke, namun lama sebelum dia telah mencapai, bahawa kesempurnaan tertinggi, dia akan mendapati, bekerja di fikiran dan hidupnya, Undang-Undang Besar yang sememangnya adil, dan yang tidak boleh, oleh itu, memberi yang baik dengan kejahatan, kejahatan dengan baik. Orang yang berpengetahuan itu, beliau akan tahu, melihat ke belakang atas kejahilan masa lalu dan buta, yang hidupnya, dan sentiasa telah, adil diperintahkan, dan bahawa semua pengalaman masa lalu, baik dan buruk, adalah kerja Kalimat yang adil terhadap beliau berkembang, sendiri belum sempurna.

pemikiran dan tindakan yang baik tidak boleh menghasilkan keputusan yang tidak baik; fikiran buruk dan tindakan tidak boleh menghasilkan keputusan yang baik. Ini adalah tetapi mengatakan bahawa tiada apa yang boleh datang daripada jagung tetapi jagung, apa-apa dari nettles tetapi nettles. Lelaki memahami undang-undang ini dalam dunia semula jadi, dan bekerja dengannya; tetapi beberapa memahaminya di dunia mental dan moral (walaupun operasinya terdapat hanya sebagai mudah dan undeviating), dan mereka, oleh itu, tidak bekerjasama dengannya.

Penderitaan sentiasa kesan pemikiran yang salah dalam beberapa arah. Ia menunjukkan bahawa individu itu adalah daripada keharmonian dengan dirinya sendiri, dengan Undang-Undang kewujudannya. Penggunaan tunggal dan tertinggi penderitaan adalah untuk membersihkan, untuk membakar semua yang tidak berguna dan tidak suci. Penderitaan tamat untuk beliau yang suci. Memang tidak ada objek dalam membakar emas selepas barang yg dibuang itu telah dikeluarkan, dan makhluk yang sempurna tulen dan pencerahan tidak dapat menderita.

Keadaan, mana seorang lelaki bertemu dengan penderitaan, adalah hasil daripada sendiri mental dalam suasana harmoni. Keadaan, mana seorang lelaki bertemu dengan beroleh kebahagiaan adalah hasil daripada keharmonian mental sendiri. Kebahagiaan, bukan harta benda, adalah ukuran pemikiran betul; keadaan yg menyedihkan, tidak kekurangan harta benda, adalah ukuran pemikiran salah. Seorang lelaki boleh dikutuk dan kaya; dia boleh diberkati dan miskin. Kebahagiaan dan kekayaan hanya menyertai bersama-sama apabila kekayaan adalah betul dan digunakan dengan bijak; dan orang miskin hanya turun ke dalam keadaan yg menyedihkan apabila dia memandang banyak sebagai beban yang tidak adil dikenakan.

Kefakiran dan kepuasan adalah dua ekstrim keadaan yg menyedihkan. Kedua-duanya sama-sama tidak asli dan hasil daripada gangguan mental. Seorang lelaki yang tidak dapat mencapai dingin sehingga dia adalah makhluk yang bahagia, sihat, dan makmur; dan kebahagiaan, kesihatan dan kemakmuran adalah hasil daripada pelarasan harmoni dalam dengan luar itu, lelaki itu dengan keadaan sekelilingnya.

Seorang lelaki hanya bermula untuk menjadi seorang lelaki apabila dia tidak lagi merengek dan mencaci, dan bermula untuk mencari keadilan yang tersembunyi yang mengawal hidupnya. Dan kerana dia menyesuaikan diri fikirannya bahawa faktor yang mengawal selia, dia tidak lagi menuduh orang lain sebagai punca keadaannya, dan membangun dirinya sendiri dalam fikiran kuat dan mulia; berhenti menendang keadaan, tetapi mula menggunakannya sebagai bantuan kepada kemajuannya lebih pesat, dan sebagai satu cara untuk menemui kuasa yang tersembunyi dan kemungkinan dalam dirinya.

Undang-undang, bukan kekeliruan, adalah prinsip mendominasi di alam semesta; keadilan, bukan kezaliman, adalah jiwa dan bahan hidup; dan kebenaran, tidak rasuah, adalah acuan dan daya bergerak dalam kerajaan spiritual di dunia. Ini begitu, manusia tetapi untuk membetulkan dirinya untuk mendapati bahawa alam semesta ini adalah betul; dan semasa proses meletakkan dirinya hak dia akan mendapati bahawa dia mengubah fikirannya terhadap perkara-perkara dan orang lain, perkara-perkara dan orang lain akan mengubah ke arahnya.

Bukti kebenaran ini adalah pada setiap orang, dan oleh itu ia mengakui penyiasatan mudah dengan introspeksi sistematik dan analisis diri. Hendaklah orang yang secara radikal mengubah fikirannya, dan dia akan teruja dengan perubahan pesat ia akan memberi kesan dalam keadaan-keadaan materialis hidupnya. Lelaki bayangkan pemikiran yang boleh dirahsiakan, tetapi ia tidak boleh; ia cepat menghablur ke tabiat, dan tabiat memejal ke dalam keadaan. Pemikiran seperti binatang kenyataan kepada tabiat mabuk dan hawa nafsu, yang mengukuhkan ke dalam keadaan kemiskinan dan penyakit: fikiran tidak suci dari setiap jenis kenyataan kepada tabiat melemahkan dan mengelirukan, yang mengukuhkan ke dalam keadaan yang mengganggu dan buruk: pemikiran ketakutan, keraguan, dan kebimbangan menjadi kenyataan ke dalam lemah , pengecut, dan tabiat ragu-ragu, yang mengukuhkan ke dalam keadaan kegagalan, kefakiran, dan pergantungan tanpa fantasi: pemikiran malas menjadi kenyataan kepada tabiat kotoran dan tidak jujur, yang mengukuhkan ke dalam keadaan kekotoran dan pengemis: pemikiran kebencian dan menyalahkan kenyataan ke dalam tabiat tuduhan dan keganasan , yang mengukuhkan ke dalam keadaan kecederaan dan penganiayaan: pemikiran mementingkan diri sendiri semua jenis kenyataan ke dalam tabiat mementingkan diri, yang mengukuhkan ke dalam keadaan yang lebih atau kurang menyedihkan. Sebaliknya, pemikiran indah semua jenis kenyataan kepada tabiat rahmat dan sifat baik hati, yang mengukuhkan ke dalam keadaan baik hati dan cerah: pemikiran tulen menjadi kenyataan ke dalam tabiat kesederhanaan dan kawalan diri, yang mengukuhkan ke dalam keadaan berehat? Dan keamanan: Pemikiran keberanian , berdikari, dan keputusan menjadi kenyataan kepada tabiat waras, yang mengukuhkan ke dalam keadaan kejayaan, banyak, dan kebebasan: pemikiran bertenaga kenyataan kepada tabiat kebersihan dan industri, yang mengukuhkan ke dalam keadaan kesedapan: pemikiran lembut dan suka mengampuni kenyataan kepada tabiat yang lemah lembut , yang mengukuhkan ke dalam keadaan perlindungan dan pengawet: penyayang dan pemikiran mementingkan diri sendiri menjadi kenyataan ke dalam tabiat diri kealpaan untuk orang lain, yang mengukuhkan ke dalam keadaan pasti dan mematuhi kemakmuran dan harta yang sesungguhnya.

Sebuah kereta api tertentu pemikiran terus-menerus, sama ada baik atau buruk, tidak boleh gagal untuk menghasilkan keputusan pada watak dan keadaan. Seorang lelaki tidak boleh terus memilih keadaan, tetapi dia boleh memilih pemikiran, dan secara tidak langsung, maka sesungguhnya, membentuk keadaan beliau.

Nature membantu setiap orang untuk pemuasan pemikiran, yang paling menggalakkan, dan peluang dibentangkan yang paling cepat akan membawa ke permukaan kedua-dua fikiran yang baik dan jahat.

Hendaklah orang yang berhenti dari fikiran berdosa, dan seluruh dunia akan melembutkan ke arahnya, dan bersedia untuk membantu beliau; hendaklah ia meletakkan diri beliau lemah dan uzur pemikiran, dan sesungguhnya, peluang akan timbul pada setiap tangan untuk membantu ketetapan yang kuat; hendaklah ia menggalakkan fikiran yang baik, dan tidak ada nasib yang berat akan mengikat dia ke keadaan yg menyedihkan dan malu. Dunia ini kaleidoskop anda, dan kombinasi yang berbeza-beza warna, yang pada setiap saat berikutnya ia memberikan kepada anda adalah gambar-gambar yang dilaraskan indah pemikiran pernah bergerak-anda.

"Oleh itu, Anda akan menjadi apa yang anda akan menjadi; Mari kegagalan mencari kandungan palsunya Pada yang miskin perkataan, 'alam sekitar,' Tetapi semangat scorns, dan adalah percuma.

"Ia masa tuan, ia menakluk ruang; Ia lembu peluang yang penipu bermegah-megah, dan bida kata perpisahan untuk kejam Hal Keadaan itu, dan mengalu-alukan kembali kehendak manusia dan kesungguhan untuk berjaya.

"Kehendak manusia, yang memaksa ghaib, Keturunan yang Soul abadi, boleh memahat satu cara untuk apa-apa matlamat, Walaupun dinding granit campur tangan.

"Janganlah tidak sabar kelewatan Tetapi tunggu

sebagai seorang yang mengerti bahasanya;. Apabila roh naik dan perintah Tuhan-tuhan bersedia untuk taat"

Badan adalah hamba minda. Ia taat kepada arahan dari minda, sama ada mereka sengaja dipilih atau separa sedar dinyatakan. Apabila pemikiran negatif ketat dan tidak baik badan tenggelam dengan cepat ke dalam penyakit dan ketidakseimbangan. Dengan perintah pemikiran gembira dan sihat ia menjadilah dengan kemudaan dan kecantikan.

Penyakit dan kesihatan, seperti keadaan, berakar umbi dalam pemikiran. Pemikiran uzur akan meluahkan perasaan melalui sebuah badan uzur. Pemikiran ketakutan telah dikenali untuk membunuh seorang lelaki seperti pasti sebagai senjata dan mereka terus membunuh beribu-ribu orang sepanjang masa walaupun kurang pesat. Orang-orang yang hidup dalam ketakutan penyakit adalah orang yang mendapatkannya. Kebimbangan cepat demoralizes seluruh badan,

dan meletakkan ia terbuka, pintu masuk penyakit
;. Begitu juga fikiran tidak suci, walaupun tidak
terlibat secara fizikal, dari masa ke masa
menghancurkan sistem saraf.

Pemikiran yang kukuh, murni, dan gembira
membina tubuh dengan tenaga, seri dan rahmat.
Badan adalah instrumen yang lembut dan
fleksibel, yang bertindak balas mudah kepada
pemikiran yang ia terdedah kepada dan tabiat
pemikiran akan menghasilkan kesan mereka
sendiri, baik atau buruk, ke mana sahaja.

Manusia akan terus mempunyai darah kotor dan
beracun, selagi mereka menggalakkan pemikiran
najis. Dengan hati yang bersih datang hidup yang
bersih dan badan yang bersih. Daripada fikiran
yang najis meneruskan kehidupan yang najis dan
badan yang rasuah. Pemikiran adalah mata air
tindakan, kehidupan, dan manifestasi; membuat
mata air yang suci, dan semua akan menjadi
tulen, berseri dan sihat

Hanya dengan mengubah diet anda tidak akan
membantu anda jika anda tidak bertambah baik
fikiran anda. Apabila seseorang membuat /
fikiran beliau disucikan, dia / dia tidak lagi

berhasrat tidak sihat. makanan basi.

Kebersihan adalah kedua-dua kebaikan dan keadaan minda pemikiran .Clean membuat tabiat bersih. Kendiri mengisytiharkan dipanggil wali yang tidak mencuci badannya tidak bersih sepenuhnya dari segala dosa. Orang yang telah diperkukuhkan dan disucikan pemikiran mereka tidak perlu mengambil kira mikrob yang tidak sihat.

Cara terbaik untuk melindungi badan anda adalah untuk menjaga fikiran anda sepanjang masa. Setiap kali anda membuat keputusan untuk membersihkan dan memperbaharui diri, mulakan dengan membuat fikiran anda cantik. Pemikiran dengki dendam, kekecewaan, keadaan terdesak mengurangkan seri, kesihatan badan dan keharmonian. Mempunyai wajah yang menyedihkan adalah tidak sengaja; ia adalah hasil langsung daripada negatif, pemikiran sedih. kedutan yang tidak sihat yang muncul pada badan yang dicipta oleh mengekalkan fikiran negatif kebencian, iri hati, menghina dan yang serupa corak pemikiran negatif.

Ia tidak sukar untuk mencari beberapa wanita dalam tahun lapan puluhan mereka yang mempunyai terang, wajah-wajah yang tidak bersalah kanak-kanak perempuan muda. Saya juga tahu seorang lelaki yang di bawah usia pertengahan yang muka ditarik ke dalam yang telah berubah, profil tdk sopan. Bekas adalah hasil daripada riang, bersemangat, sikap positif manis dan yang kedua adalah hasil daripada rasa tidak puas hati, kemurungan dan rasa tidak puas hati.

Sama seperti dengan mengakui banyak adalah udara segar dan cahaya matahari anda boleh mempunyai terang, bilik berbau manis, dengan menjaga aliran gembira, ikhlas, pemikiran bermanfaat anda boleh mempunyai sihat, badan yang bahagia dan personaliti yang bercahaya.

Cuba menjadi analisis untuk membezakan orang dengan kedutan yang disebabkan oleh kekuatan mereka, simpati dan pemikiran bimbang berbanding beberapa orang lain berkedut dengan bimbang, rasa tidak puas hati dan corak pemikiran negatif. . mereka, dengan mereka yang telah hidup dengan benar, umur tenang, aman, dan lembut mellowed, seperti matahari terbenam.

Saya baru-baru ini dilihat seorang ahli falsafah di ranjang beliau. Dia tidak lama kecuali pada tahun-tahun. Beliau meninggal dunia kerana manis dan aman kerana beliau telah hidup.

Tiada doktor seperti pemikiran ceria berterusan untuk menidakkan gejala badan; riang gembira dan joyousness adalah remedi terbaik untuk bersurai bayang-bayang kesedihan dan kedukaan. Untuk tinggal dalam fikiran benci, sinis, syak wasangka, dan iri hati, akan dikurung dalam sel penjara buatan sendiri. Tetapi untuk berfikir dengan baik sekali, untuk menjadi ceria dengan semua, untuk sabar belajar untuk mencari yang baik dalam semua - ini pemikiran mementingkan diri sendiri adalah portal sangat langit; dan mereka kekal di hari demi hari dalam rancangan damai sejahtera terhadap setiap makhluk akan membawa tiap dilimpahkan kepada orang yang mempunyai mereka. Mengamalkan meditasi kerap membantu orang ramai untuk mengekalkan keseimbangan yang harmoni antara minda, badan dan semangat dan keharmonian itu adalah sebuah negara utama untuk semua orang untuk menjalani kehidupan yang dipenuhi

Semasa meditasi anda akan mencari fikiran anda merentasi jauh di dalam menyebabkan kesedaran menaikkan semangat. jejak yang mendalam, pemikiran dilepaskan menyebabkan pemulihan. Dari masa ke masa dengan mengulangi proses sekali lagi dan sekali lagi, kita boleh berasa bertenaga, segar, diperbaharui dan kuasa.

negeri-negeri meditasi adalah apabila pemikiran reda. Pemikiran datang, berhenti seketika dan melaluinya. Adakah anda mengenali mereka dalam senarai ini: Keinginan, cita-cita, harapan, keraguan, kenangan yang tidak menyenangkan,

Sehingga pemikiran dikaitkan dengan tujuan tiada pencapaian yang bermakna. Kebanyakan

127

orang membenarkan fikiran mereka untuk "hanyut" apabila lautan kehidupan. Aimlessness hanya membawa kepada orang yang mengikuti maze laluan berkabus tanpa kejelasan hasil destinasi dan akhir.

Mereka yang tidak mempunyai tujuan utama dalam kehidupan mereka jatuh mangsa mudah kecil-kecilan kebimbangan, kebimbangan, masalah, dan kasihan diri, semua merupakan tanda-tanda kelemahan, yang membawa, sama seperti pasti sebagai sengaja dirancang dosa (walaupun melalui laluan yang berbeza) , kepada kegagalan, rasa tidak puas hati, dan kehilangan, kerana kelemahan tidak boleh berterusan dalam alam semesta yang sentiasa berubah yang kuat.

Anda perlu memikirkan tujuan yang sah di dalam hati anda, dan dinyatakan untuk mencapai mereka. Oleh itu, tujuan teras dan tumpuan fikiran anda. Ia boleh mengambil bentuk yang ideal rohani, atau ia mungkin objek duniawi, sesuai dengan sifat anda pada masa yang dalam tempoh masa; tetapi apa sahaja yang anda berharap dan ingin untuk tujuan untuk terus memberi tumpuan pemikiran-pasukan anda kepada matlamat yang anda telah tetapkan sebelum diri sendiri. Kami perlu membuat matlamat kita keutamaan kami untuk hidup, dan mengambil tindakan untuk mencapainya mengabaikan gangguan dan peristiwa rawak fikiran untuk meletakkan kami di luar kursus keinginan, dan imaginings. Ini adalah jalan diraja kepada penguasaan diri dan penumpuan benar pemikiran. Walaupun dia gagal lagi dan sekali lagi untuk mencapai tujuan-Nya (kerana dia semestinya sehingga kelemahan diatasi), kekuatan peribadi yang diperolehi akan menjadi ukuran kejayaan yang sebenar, dan ini akan membentuk satu titik permulaan baru bagi kuasa masa depan dan kejayaan .

Mereka yang tidak bersedia bagi penangkapan tujuan yang besar perlu menetapkan fikiran apabila prestasi malang yang tidak berdosa tugas mereka, tidak kira betapa kecil tugas mereka mungkin kelihatan. Hanya dengan cara ini boleh pemikiran dikumpulkan dan fokus, dan resolusi dan tenaga dibangunkan, yang sedang dilakukan, ada apa-apa yang tidak boleh dicapai.

Jiwa lemah, mengetahui kelemahan sendiri, dan mempercayai kebenaran ini bahawa kekuatan hanya dapat dibangunkan oleh usaha dan amalan, akan, dengan itu beriman, sekali gus mula mengerahkan dirinya, dan menambah usaha untuk usaha, kesabaran untuk kesabaran, dan kekuatan untuk kekuatan, tidak akan berhenti untuk membangunkan, dan akan akhirnya berkembang ilahi kuat.

Sebagai seorang lelaki yang lemah fizikal boleh membuat dirinya kuat dengan latihan-hati dan bersabar, maka dia seorang yang lemah pemikiran boleh membuat mereka kuat dengan bersenam dirinya dalam pemikiran betul.

Salah satu kemahiran yang terbaik kita boleh memperoleh adalah untuk mencari kerja yang merangsang kita, membuat hati kita menyanyi dan menikmati pengalaman melakukannya dengan sebaik mungkin. Suka apa yang anda lakukan dan anda akan mencari kerja yang memuaskan.

kemahuan untuk melakukan mata air dari ilmu yang boleh kita lakukan. Keraguan dan ketakutan adalah musuh besar pengetahuan, yang tidak membunuh mereka. Tumpas

Beliau yang sudah menaklukkan keraguan dan ketakutan telah menakluki kegagalan. Setiap beliau, pemikiran bersekutu dengan kuasa, dan semua masalah secara berani bertemu dan bijak diatasi. maksud-Nya adalah musimnya ditanam, dan mereka mekar dan kamu mengeluarkan fruit-sebenarnya tuaian yang banyak.

Pemikiran bersekutu tanpa rasa takut untuk tujuan menjadi daya kreatif: dia yang tahu ini sudah bersedia untuk menjadi sesuatu yang lebih tinggi dan lebih kuat daripada ikatan semata-mata goyang pemikiran dan turun naik sensasi; barangsiapa yang berbuat demikian telah menjadi wielder sedar dan bijak beliau

Semua yang anda boleh mencapai dan semua yang anda gagal untuk mencapai adalah hasil langsung daripada fikiran anda sendiri. Dalam alam semesta yang adil dan sempurna, di mana hilang keseimbangan akan mempunyai kesan negatif, tanggungjawab individu mesti mutlak. kelemahan dan kekuatan Seorang lelaki, kesucian dan kenajisan, kepunyaan-Nya sendiri, dan tidak orang lain; mereka yang dibawa oleh dirinya sendiri, dan tidak dengan yang lain; dan mereka hanya boleh diubah oleh dirinya sendiri, tidak oleh orang lain. Keadaannya juga sendiri, dan tidak orang lain. penderitaan dan kebahagiaan sedang berkembang dari dalam. Sebagaimana yang difikirkannya, jadi dia; kerana dia terus berfikir, jadi dia kekal.

Seseorang yang kuat tidak boleh membantu yang lemah kecuali yang lemah bersedia untuk membantu, dan itupun orang yang lemah mesti menjadi kuat dirinya sendiri; dia mesti, dengan usaha sendiri, membangunkan kekuatan yang dia kagumi di negara lain. Melainkan dirinya Semua kita adalah diri yang mencukupi untuk meningkatkan diri kita sendiri.

Sudah biasa bagi orang-orang untuk berfikir dan berkata, "Ramai lelaki adalah hamba kerana satu adalah penindas;. Marilah kita membenci penindas" Sekarang, bagaimanapun, ada di antara st peningkatan beberapa kecenderungan untuk mengubah penghakiman ini, dan berkata, "Seorang lelaki adalah penindas kerana ramai adalah hamba;. Marilah kita menghina hamba"

Yang benar adalah bahawa penindas dan hamba-bersama pengusaha dalam kejahilan, dan, manakala pura-pura merendahkan antara satu sama lain, adalah dalam realiti yang melanda diri mereka sendiri. A Knowledge sempurna menganggap tindakan undang-undang dalam kelemahan yang ditindas dan kuasa disalahgunakan orang penganiaya; Cinta yang sempurna, melihat penderitaan, yang kedua-dua negeri memerlukan, mengutuk tidak; Compassion yang sempurna merangkumi kedua-dua penindas dan yang ditindas.

Beliau yang sudah menaklukkan kelemahan, dan

telah meletakkan diri semua fikiran mementingkan diri sendiri, tergolong tidak kepada penindas dan tidak ditindas. Dia bebas.

Seorang lelaki hanya boleh meningkat, menakluk, dan mencapai dengan mengangkat fikirannya. Dia hanya boleh kekal lemah dan hina, dan sengsara dengan menolak untuk mengangkat fikirannya.

Sebelum seorang lelaki boleh mencapai apa-apa, walaupun dalam perkara-perkara duniawi, ia harus mengangkat fikirannya atas kepuasan haiwan hamba. Beliau mungkin tidak, untuk berjaya, melepaskan semua negatif dan mementingkan diri, dengan apa jua cara; tetapi sebahagian daripadanya mesti, sekurang-kurangnya, dikorbankan. Seorang lelaki yang pemikiran pertama adalah kelonggaran seperti binatang tidak boleh berfikir dengan jelas dan tidak merancang dengan teratur; dia tidak dapat mencari dan membangunkan sumber terpendam, dan akan gagal dalam apa-apa usaha. Tidak perlu dimulakan untuk manfully mengawal fikirannya, dia tidak berada dalam kedudukan untuk mengawal hal ehwal dan mengamalkan tanggungjawab yang serius. Beliau tidak layak untuk bertindak secara bebas dan berdiri sendiri. Tetapi dia hanya dihadkan oleh pemikiran, yang dia pilih.

Tidak ada sebarang kemajuan, tiada pencapaian tanpa pengorbanan dan kejayaan duniawi manusia akan berada dalam ukuran bahawa dia mengorbankan pemikiran haiwan keliru, dan membetulkan fikirannya kepada pembangunan rancangannya, dan pengukuhan resolusi dan berdikari . Dan yang lebih tinggi ia mengangkat pemikiran, yang lebih waras, tegak, dan benar dia menjadi, lebih besar akan menjadi kejayaan beliau, lebih berbahagia dan berkekalan akan menjadi pencapaian beliau. Undang-undang Alam Semesta adalah mudah: kita menerima apa yang kita berikan pada jangka masa panjang. Rasional, terancang, usaha jujur membantu semua orang mencapai matlamat yang berfaedah.

saya Lebih berkurun lamanya, banyak Masters belajar dan rohani, dunia lebih telah mengajar kita bahawa jalan untuk memperkasakan dan kepuasan adalah melalui menaikkan semangat unsur-unsur pemikiran manusia dan melalui tindakan bermanfaat dan bahawa jalan pemikiran yang mulia dan perbuatan adalah benar-benar yang paling mulia.

pencapaian intelektual adalah hasil daripada proses pemikiran yang khusus dan tertumpu pada mencari keluar pengetahuan, atau konsep-konsep yang baik hati dan penuh makna untuk hidup dan alam semula jadi. Berikut adalah konsep yang diterima secara universal untuk hidup yang lebih baik: Orang yang berusaha dan mencapai mementingkan diri sendiri, yang mulia, corak pemikiran bermanfaat mendapati diri mereka hidup dan menikmati pengalaman indah dan meriah. Untuk melepaskan corak pemikiran negatif, yang berguna untuk mengamalkan mengesahkan bahawa kami bersedia untuk melepaskan semua corak negatif dalam minda bawah sedar kita dengan lembut, penyayang cara dan membiarkan corak negatif dalam diri kita terbang ke tempatnya yang ketiadaan jauh dari mana mereka mungkin datang dari. Ikrar untuk menerima corak pemikiran positif adalah mesej alu-aluan dan kaedah untuk mengekalkan dengan kami hanya apa yang baik dan berfaedah. Ringkasnya, proses sebanyak perlahan-lahan melepaskan semua corak negatif sedar dan bawah sedar dalam diri kita sendiri dan menjemput dalam corak pemikiran positif untuk tinggal dalam. Ini mungkin kelihatan naif atau mudah, tetapi anda akan terkejut dengan transformasi yang ini boleh membawa ke dalam hidup seseorang. Ramai pakar lain telah bercakap dan menulis mengenai asas-asas membilas keluar yang tidak diingini dan membawa masuk yang positif dalam kehidupan kita.

Seorang lelaki boleh meningkat kepada kejayaan yang tinggi di dunia, dan juga untuk ketinggian yang tinggi dalam alam rohani, dan sekali lagi turun ke dalam kelemahan dan keadaan yg dengan membenarkan pemikiran sombong, mementingkan diri sendiri, dan rasuah untuk mengambil milik dia.

Semua pencapaian, sama ada dalam perniagaan, intelektual, atau dunia rohani, adalah hasil daripada pemikiran pasti diarahkan, ditadbir oleh undang-undang yang sama dan kaedah yang sama; perbezaan hanya terletak pada objek pencapaian.

Dia yang akan mencapai sedikit mesti mengorbankan sedikit; dia yang akan mencapai banyak mesti mengorbankan banyak; orang yang akan mencapai sangat menyembelihmu sangat.

Ia membantu untuk menggambarkan untuk mencapai matlamat. Di sini anda akan mempelajari beberapa teknik visualisasi yang akan membantu anda menggambarkan lebih baik dan nyata keinginan anda.

Apabila dilakukan dengan betul, visualisasi membantu anda memenuhi hampir apa-apa matlamat.

Hampir semua orang yang berjaya, termasuk penggunaan ahli sukan visualisasi untuk mencapai matlamat mereka. Sesetengah melakukannya secara sedar, beberapa disedari.

Pertama, mencari tempat yang tenang - di mana anda tidak akan diganggu. Kita tidak mahu berehat apabila kita bercakap kepada minda bawah sedar kita. Anda boleh menggambarkan - perkara pertama pada waktu pagi, ketika masih di tempat tidur. Anda boleh pergi ke bilik air, melegakan diri dan kembali dan menggambarkan.

Apabila menunggang bas atau kereta bawah tanah.

Menunggu giliran anda di pasar raya atau di mana sahaja.

Duduk di atas jurulatih, daripada menonton televisyen.

Apabila menunggu seseorang.

Perkara terakhir pada waktu malam sebelum tidur.

The pemimpi adalah penyelamat di dunia. Ketika dunia yang boleh dilihat dialami oleh yang tidak dapat dilihat, jadi manusia, melalui semua ujian dan dosa-dosa mereka dan kerjaya kotor, terpelihara dengan penglihatan indah pemimpi mereka bersendirian. Manusia tidak boleh lupa pemimpi itu; ia tidak boleh membiarkan cita-cita mereka pudar dan mati; ia hidup di dalamnya; ia tahu mereka kerana mereka hakikat yang ia akan satu hari melihat dan tahu.

Orang yang mengejar impian dan visi dipertingkatkan, fikiran grand kesempurnaan dan kebesaran satu hari nanti akan menjadi kenyataan mereka. Einstein dihargai visinya untuk undang-undang fizik, dan dia mendapati mereka; Edison dibayangkan membawa sumber cahaya untuk kegunaan sehari-hari dan selepas lebih daripada seratus percubaan, yang dibuat mentol realiti cahaya; 3,00 tahun yang lalu, Buddha mempunyai visi terhadap dunia rohani kewujudan pencerahan dan keamanan yang sempurna, dan dia berkembang ke dalamnya.

Mengejar impian yang tinggi anda, menghargai visi anda; menghormati cita-cita anda;

membangunkan dan bermain di luar muzik yang membangkitkan hati dan jiwa, keindahan yang membentuk dalam fikiran anda, keindahan dan kecantikan yang membentuk pemikiran murni anda, kerana keluar dari mereka akan nyata realiti yang indah berterusan, setiap set pengalaman syurga. Berterusan dan tabah dengan menjaga usaha anda sendiri dan anda akan nyata cita-cita yang mulia.

Hamil, beriman dan mencapai adalah undang-undang alam semesta. Ukuran sama ada kita boleh mencapai matlamat yang tinggi bukan sama ada mereka terlalu tinggi atau direndahkan, realitinya adalah sama ada kita mengejar mereka konsisten dengan usaha dan sama ada kita menyimpan keraguan dan spekulasi kami keluar dari jalan dan membenarkan diri kita untuk mendekati dan mencapai mereka.

Mimpi yang tinggi, dan seperti yang anda impikan, jadi anda akan menjadi. Wawasan Anda adalah janji apa yang harus satu hari; Ideal anda nubuatan apa yang harus di lepas mengumumkan. Pencapaian terbesar pada mulanya dan untuk masa yang mimpi. oak tidur di Acorn; yang menunggu burung dalam telur; dan dalam penglihatan tertinggi jiwa malaikat bangun membangkitkan. Impian adalah benih realiti.

skop yang lebih besar mengambil milik dia; pergolakan menggesa beliau untuk tindakan, dan dia menggunakan semua masa lapang beliau dan bermakna, kecil walaupun mereka berada, kepada pembangunan kuasa terpendam dan sumber. Sangat tidak lama lagi supaya diubah telah fikirannya menjadi bahawa bengkel itu tidak lagi dapat memegang dia. Ia telah menjadi begitu daripada harmoni dengan mentaliti bahawa ia jatuh daripada hidupnya sebagai sehelai kain yang diketepikan, dan, dengan pertumbuhan peluang, yang patut skop kuasa yang berkembang, beliau dialirkan keluar dari selama-lamanya. Tahun kemudian kita lihat belia ini sebagai lelaki dewasa yang matang. Kita dapati dia tuan kuasa-kuasa tertentu fikiran, yang dia memakainya dengan pengaruh di seluruh dunia dan kuasa hampir tiada bandingnya. Di tangannya dia memegang tali akaun besar, dan pada masa ini anda akan berjalan keluar dari pintu yang sekian lama telah seolah-olah anda halangan cita-cita anda, dan akan mendapati diri anda di hadapan penonton - pen masih di belakang telinga anda, yang kesan dakwat pada jari anda dan kemudian dan hendaklah mencurahkan torrent inspirasi anda. Anda boleh memandu biri-biri, dan anda akan mengembara ke bandar-orang desa dan melongo itu; akan mengembara di bawah bimbingan berani roh ke dalam studio tuan, dan selepas masa yang ia akan berkata: Aku apa-apa lagi untuk mengajar anda. Dan sekarang anda telah menjadi tuan, yang berbuat demikian baru-baru ini bermimpi perkara-perkara besar semasa memandu biri-biri. Anda akan gugurkan anak yang saw dan pesawat untuk mengambil ke atas diri anda pertumbuhan semula di dunia. "

The berfikir dahulu, mereka yang jahil dan malas, melihat hanya kesan jelas perkara dan tidak perkara-perkara yang diri mereka sendiri, bercakap nasib, nasib, dan kebetulan. Melihat seorang lelaki menjadi kaya, mereka berkata, "Bagaimana bertuahnya dia!" Memerhatikan lain menjadi intelektual, mereka menyeru, "Bagaimana sangat digemari dia!" Dan mencatatkan watak suci dan pengaruh luas lain, mereka kata-kata, "Bagaimana peluang membantu beliau di setiap selekoh!" Mereka tidak melihat ujian dan kegagalan dan perjuangan yang orang-orang ini telah secara sukarela bertemu untuk menimba pengalaman mereka; tidak mempunyai pengetahuan tentang pengorbanan yang telah dibuat, daripada usaha gentar mereka kemukakan, iman mereka dijalankan olehnya, bahawa mereka mungkin mengatasi nampaknya tidak dapat diatasi, dan merealisasikan Visi hati mereka. Mereka tidak tahu kegelapan dan sakit hati; mereka hanya melihat cahaya dan kegembiraan, dan memanggilnya "nasib". Mereka tidak melihat perjalanan yang panjang dan sukar, tetapi hanya memandang matlamat menyenangkan, dan memanggilnya "bernasib baik," tidak faham proses itu, tetapi hanya melihat keputusan, dan memanggilnya kebetulan.

Dalam semua hal ehwal manusia ada usaha, dan terdapat keputusan, dan kekuatan usaha itu adalah ukuran keputusan. adalah peluang tidak. Hadiah, kuasa, material, intelektual, dan harta benda rohani adalah hasil daripada usaha; mereka adalah pemikiran siap, objek dicapai, visi direalisasikan.

Wawasan yang anda memuliakan dalam fikiran anda, Ideal yang anda menobatkan dalam hati anda - ini anda akan membina hidup anda dengan, ini, anda akan menjadi.

Amalan membuat sempurna. Untuk terus memberi inspirasi dan motivasi, untuk merujuk kepada apa yang orang berkuasa yang lain mengatakan mengenai perkara ini, disenaraikan di sini:

fikiran adalah salah satu permata indah kebijaksanaan. Ia adalah hasil daripada usaha yang panjang dan bersabar dalam kawalan diri. Kehadirannya merupakan satu petunjuk pengalaman masak, dan yang lebih daripada pengetahuan biasa undang-undang dan operasi pemikiran.

Anda menjadi tenang ke tahap di mana anda memahami diri anda sebagai seorang yang bertimbang rasa berkembang menjadi, untuk pengetahuan yang memerlukan pemahaman orang lain sebagai hasil daripada pemikiran, dan seperti yang anda membangunkan pemahaman yang betul, dan melihat lebih banyak dan lebih jelas hubungan dalaman yang ada dengan tindakan sebab dan akibat anda berhenti untuk kekecohan dan wasap dan bimbang dan bersedih, dan masih bersedia, sabar, tenang. Itulah keadaan harmoni antara badan, minda dan spirit-mengekalkan fokus bahawa pada ketenangan dan anda akan menyatakan bahawa negara yang harmoni lebih dan lebih

Orang tenang, setelah mempelajari bagaimana untuk mengawal dirinya, tahu bagaimana untuk menyesuaikan diri kepada orang lain; dan mereka, seterusnya, menghormati kekuatan rohani, dan merasakan bahawa mereka boleh belajar daripadanya dan bergantung kepadanya. Semakin tenang seseorang menjadi, lebih besar adalah kejayaan beliau, pengaruhnya, kuasa-Nya selama-lamanya. Walaupun pedagang biasa akan mencari peningkatan kemakmuran perniagaannya sebagai dia mengembangkan kawalan diri yang lebih besar dan ketenangan, bagi orang-orang akan sentiasa memilih untuk berurusan dengan seorang lelaki yang sikap adalah kuat yg hampir tdk berubah.

, Lelaki tenang yang kukuh ini sentiasa disayangi dan dihormati. Ia sama dengan pokok teduhan yang memberikan di tanah dahaga, atau batu berlindung dalam ribut. "Siapa yang tidak suka hati yang tenang,, kehidupan yang seimbang satu gula-marah? Ia tidak kira sama ada hujan atau bersinar, atau apa perubahan datang kepada mereka yang mempunyai berkat ini, kerana mereka sentiasa manis, tenang, dan tenang. Itulah indah . poise watak, yang kita panggil ketenangan adalah pelajaran terakhir budaya, buah-buah jiwa

Ia adalah berharga sebagai kebijaksanaan, lebih banyak yang diinginkan daripada emas -. ya, daripada yang emas tua Bagaimana tidak penting wang mencari kelihatan berbanding semata-mata dengan kehidupan yang tenang - kehidupan yang berdiam di dalam lautan yang benar, di bawah gelombang, di luar jangkauan ribut, dalam tenang yang kekal!

"Berapa ramai orang yang kita tahu yang mengeruhkan kehidupan mereka, yang merosakkan semua yang manis dan cantik oleh tempers bahan letupan, yang memusnahkan sikap tenang mereka watak, dan membuat darah yang tidak baik! Ia adalah persoalan sama ada majoriti besar orang tidak merosakkan kehidupan mereka dan mar kebahagiaan mereka oleh kekurangan kawalan diri. Bagaimana beberapa orang kita bertemu dalam kehidupan yang seimbang, yang mempunyai bahawa sikap tenang indah yang merupakan ciri watak siap!

Berfikiran positif dan kuasa keyakinan adalah asas untuk kehidupan yang lebih baik dan dipenuhi.

Jika anda ingin membuat perubahan dalam hidup anda, anda perlu melihat kepada sebab-sebab, dan sebab-sebab hampir selalu cara yang anda gunakan fikiran anda - cara anda berfikir. Anda tidak boleh berfikir fikiran kedua-dua negatif dan positif pada masa yang sama. Satu atau yang lain akan menguasai. Minda adalah makhluk kebiasaan, jadi ia menjadi tanggungjawab setiap individu untuk memastikan bahawa emosi dan fikiran positif membentuk pengaruh yang mendominasi dalam fikiran mereka.

Dalam usaha untuk mengubah keadaan luaran, anda perlu menukar dalaman. Kebanyakan orang meninggalkan langkah ini. Mereka cuba untuk mengubah keadaan luaran dengan bekerja secara langsung pada syarat-syarat itu. Ini sentiasa membuktikan sia-sia, atau sekurang-terbaik sementara, melainkan jika ia disertai dengan perubahan pemikiran dan kepercayaan.

Menyedarkan kepada kebenaran ini, cara untuk lebih baik, kehidupan yang lebih berjaya menjadi jernih. Melatih minda sedar anda untuk berfikir fikiran kejayaan, kebahagiaan, kesihatan, kemakmuran, dan untuk mengelakkan negatif seperti takut dan bimbang. Mengekalkan minda sedar anda sibuk dengan jangkaan yang terbaik, dan memastikan pemikiran anda lazimnya berfikir adalah berdasarkan kepada apa yang anda mahu lihat berlaku dalam hidup anda.

Air mengambil bentuk apa sahaja bekas

memegangnya, sama ada dalam kaca, pasu atau tebing sungai. Begitu juga, fikiran anda akan membuat dan yang nyata mengikut imej yang anda lazimnya berfikir tentang pemikiran harian anda. Ini adalah bagaimana nasib anda dicipta. Sebuah kehidupan yang baru dicipta oleh pemikiran baru.

Kami mempunyai banyak untuk bersyukur dengan peluang di sini atunlimited untuk berkongsi kasih, pengetahuan dan kefahaman yang kami terima, dengan anda. Bersama-sama kita boleh membuat impak yang positif kepada seluruh dunia.

Apabila kita tahu diri kita, kita tahu bahawa segala sesuatu yang ada adalah cinta menyatakan bijak melalui tenaga. Kami adalah itu dan begitu juga semua orang dan segala-galanya. Pengasingan hanya dalam bentuk. Kami melihat tenaga dimanifestasikan dalam bentuk yang berbeza. Bentuk-bentuk yang dicipta oleh pemikiran. Kami percaya bahawa kita adalah berasingan kerana kita tidak mengetahui tentang keutuhan kami.

Semua kesedaran ini dan pengalaman adalah

yang ada pada kita melalui pembangunan kebolehan otak kanan kita. Apabila kita mula bekerja dengan satu proses untuk melepaskan tekanan dan mengukuhkan atau memperbaiki sistem saraf kita, kita mula mencari siapa kita pada tahap yang lebih mendalam dan tidak lama lagi mula tahu keutuhan yang termasuk kita semua dan segala-galanya yang wujud. Apabila ini berlaku kita mula memahami bahawa semua aspek kehidupan adalah dikawal oleh undang-undang alam atau prinsip hidup, dan kita mula melihat apa prinsip-prinsip ini, dan bagaimana mereka bekerja. Pada ketika ini kita bergerak ke tahap yang lebih maju berfungsi, dan mendapati bahawa kita mempunyai kuasa kanan dalam diri kita untuk membuat apa sahaja yang kita pilih.

Mengamalkan cara-cara khusus untuk memperkasakan diri sebagai amalan harian, konsisten. Untuk kita semua sentiasa ada tahap yang lebih tinggi evolusi dan kepuasan. Sentiasa ada satu lagi takuk untuk meningkatkan lagi ke arah pencerahan. Menggunakan teknik yang mudah untuk mengaktifkan minda anda untuk alam yang lebih tinggi:

a. Mempercayai Universe: Ingatkan dan melakukan diri anda untuk menerima tenaga tertinggi dan kebaikan yang lebih besar alam semesta.

b.Release negatif: menghayati dan mengulangi kenyataan ini secara berkala sepanjang hari: ". Saya bersedia untuk melepaskan semua corak negatif dalam kesedaran saya dengan dibungkus dengan kasih sayang dan membiarkan mereka terapung jauh, jauh, jauh ke dalam ketiadaan"

b Forgive: proses pemberian maaf lebih daripada terlupa masa lalu untuk bergerak ke masa kini, ia adalah untuk membina keamanan berkembang dalam diri anda melalui pengulangan tetap :: "Saya memaafkan diri saya sendiri dan semua yang lain, semua orang juga memaafkan saya untuk segala-galanya dalam semua dimensi masa dan ruang. Saya sedang dikeluarkan, benar-benar percuma dan dengan aman.

c. visualizations

d. ikrar

Jadi, apa yang membuat anda semua terperangkap dalam konteks 3D semasa anda berpaut berterusan anda "untuk hasil (sebab dan akibat hubungan) yang anda bayangkan adalah operasi di sana. Ini adalah ilusi semata-mata.

Apabila sesuatu yang menjelma di dunia 3D anda, ia tiba kerana anda * dipanggil untuk itu * dengan fikiran dan hati anda. t bezanya sama ada panggilan anda adalah satu yang sedar, atau sama ada ia adalah sesuatu yang seperti yang dikeluarkan dari bawah tudung anda kerana terlupa. Ia datang dari anda, dan anda perlu untuk memiliki bahawa sebelum anda boleh membebaskan diri daripada pengaruhnya. hos yang mempunyai masalah dengan konsep ini mungkin perlu bulatkan semula

Seseorang yang tidak nyata dunia masing-masing daripada nothing.rather, kamu masing-masing membentuk realiti peribadi anda daripada segala-galanya, yang wujud di sekeliling anda. Dalam usaha untuk membuat sesuatu yang fizikal, anda hanya memberi tumpuan ke atasnya ..... (yang melambatkan getaran cukup untuk itu untuk menguatkan), dan kemudian anda memasang tudung persepsi sekelilingnya, untuk menyekat outhe kesedaran segala-galanya yang ada. Ini adalah bersamaan persepsi anda sendiri meletakkan penutup mata pada kuda.

Seperti yang anda memulakan proses anda memberi tumpuan, anda mesti jelas menyedari betapa elemen kreatif fikiran anda works.T dia penjelasan kita akan membuat untuk anda sekarang adalah satu yang linear, kerana anda kini beroperasi dalam asas realiti linear. Sila sedar bahawa anda mempunyai kuasa untuk menukar susunan atau kaedah-kaedah proses ini pada bila-bila masa.

kenyataan afirmatif anda, terutamanya apabila disertai dengan keinginan benar dan semangat, adalah seperti Genies dari botol, memberikan anda semua yang anda pernah boleh harapkan. Sebagai salah satu tuan Spiritual sekali diungkap ia: "Alam ini menyusunnya sendiri mengikut kepercayaan anda tentang apa yang sebenar." Ia melakukannya melalui akuan anda sendiri * apa yang, * tidak melalui pengisytiharan * apa yang tidak.

Anda perlu sedar bahawa realiti fizikal dicipta daripada tumpuan. f anda sentiasa memberi tumpuan kepada apa yang
Berikut adalah amalan langkah bijak yang akan menjadi yang paling berkesan apabila diamalkan dua kali sehari untuk sekurang-kurangnya tiga puluh hari. ZTry untuk melakukannya lebih daripada 30 hari berturut-turut, tetapi jika anda terlepas satu atau dua hari di antara, mengejar dengan kiraan secepat yang anda boleh

Settle diri anda dalam ruang yang tenang semakin jauh dari semua aktiviti dan mulakan dengan bernafas dalam dan keluar perlahan dan dalam, sambil membayangkan, tenaga ilahi tulen dan bernafas keluar semua corak negatif, ketegangan dan tekanan dari badan anda.

Lepaskan semua fikiran, perasaan ... dan hanya membenarkan diri anda untuk berehat.
Seperti yang anda terus menarik nafas panjang,

perlahan-lahan mengarahkan perhatian anda ke jantung anda,
jeda, jeda dan kekal hanyut dalam keadaan santai anda.

Langkah kedua: Jelas menyatakan hasrat anda dalam satu atau dua ayat, tanpa mengira bagaimana bercita-cita tinggi atau Outlandish hasrat anda mungkin kelihatan pada masa itu

Sekarang, bayangkan Tuhan baru sahaja muncul di atas anda dan geran anda tiga hasrat. Apa sahaja yang anda mahu!
Apakah tiga kehendak anda? (Pergi ke hati dan biarlah hatimu pilih keinginan terdalam anda)
Jika anda hanya boleh mempunyai satu hasrat, yang hasrat akan anda pilih? Ingat, anda perlu memilih hanya satu!

Petunjuk: Pilih sesuatu yang anda mahu, bukan sesuatu yang mahu anda untuk menghilangkan.
Untuk Contoh: Jika mahu terakhir saya adalah untuk menjadi sihat dan salah satu cara bagi saya untuk menjadi sihat adalah untuk menurunkan berat badan
pilihan saya akan membaca seperti ini: saya

memilih untuk menjadi sihat dan cergas. Bukannya saya ingin menurunkan berat badan.

Jelas menyatakan keinginan terdalam anda. Ia membantu untuk menuliskannya di mana anda boleh melihatnya setiap hari.

Langkah Ketiga: Bayangkan Kejayaan Dalam Advance

Gambar apa yang anda inginkan seolah-olah ia telah pun berlaku,
seolah-olah ia telah ditunjukkan untuk anda dalam hidup anda.
Benarkan gambar anda menjadi sejelas yang mungkin ... berwarna-warni, hidup seperti, sebenar

Langkah Empat: Hayati Feeling The

Apa perasaan akan mempunyai keinginan anda memberikan anda?
Rasa perasaan anda perlu seperti yang anda bayangkan mempunyai keinginan anda sekarang.
Petunjuk: Mari kita gunakan contoh daripada aku

ingin lebih banyak wang dalam hidup saya. Tanya diri anda apa perasaan yang anda ada kerana anda

bayangkan mempunyai semua wang yang anda inginkan? Mungkin anda rasa yang kaya, kaya, selamat, berjaya, lega. Beyond
perasaan ini, apa yang anda rasa? Kebanyakan orang melaporkan perasaan yang lebih mendalam tentang keamanan, kebebasan. perasaan yang lebih mendalam adalah
apa yang anda mahu untuk merasa. Ini dikenali sebagai nilai teras anda.

Langkah Kelima: Mewujudkan Satu Image

Benarkan imej untuk datang kepada kamu yang mewakili perasaan teras anda.
Imej boleh menjadi tempat, seseorang, objek, warna, bentuk yang

Petunjuk: Jika perasaan teras anda adalah kebebasan, imej yang boleh bekerja akan menjadi burung,
belayar di lautan, parasailing, ruang. Jika perasaan teras anda adalah keamanan imej boleh

menjadi matahari terbenam, burung merpati, berjalan di alam semula jadi, warna merah jambu, Ibu Theresa, mawar.

Langkah Enam: Let It Go!

Biarkan fikiran anda melepaskan niat untuk diri anda lebih tinggi.

Petunjuk: Ini boleh dilakukan dengan hanya berkata kepada diri sendiri "Saya kini melepaskan saya
keinginan kepada kebijaksanaan dan kuasa diri saya lebih tinggi. "Dan membenarkan minda anda untuk peralihan
kepada perasaan teras anda. Seperti yang anda tenaga perasaan teras anda, anda akan nyata keinginan anda
sepuluh kali ganda.

Langkah Tujuh: Percayalah

Percayalah bahawa anda telah melakukan semua yang perlu dilakukan.
Diri anda lebih tinggi, minda bawah sedar anda akan mengendalikan yang lain.

Saya cadangkan anda menggunakan langkah-langkah setiap hari. Meluangkan masa beberapa minit pada waktu pagi apabila anda mula-mula menyedarkan adalah masa yang terbaik untuk mengambil diri anda melalui tujuh langkah ini.

Sebaik sahaja anda menjadi
biasa dengan langkah-langkah ini, anda akan dapat melakukannya dengan cepat, tanpa perlu untuk menulis mereka ke bawah.

Jangan ragu untuk menggunakan langkah-langkah ini pada siang hari anda juga. Ia adalah cara terbaik untuk memastikan anda memberi tumpuan pada
apa yang paling penting kepada anda.

Bab Sembilan

Ini adalah banyak, sumber bebas yang mungkin berguna dalam langkah-langkah anda yang berterusan ke arah
peningkatan diri..

Penafian: anda akan melakukan penyelidikan anda sendiri untuk mengetahui lebih lanjut mengenai perkara ini dan bergantung kepada dan menggunakannya mengikut budi bicara anda sendiri dan risiko anda sendiri berdasarkan keadaan individu anda

https://www.dmoz.org/Health/Mental_Health/Sel f-Help/

https://www.dmoz.org/Society/Religion_and_Spi rituality/New_Age/Magazines_and_E-zines/

www.ingramcontent.com/pod-product-compliance
Lightning Source LLC
Chambersburg PA
CBHW070113290526
45789CB00005B/2016